Lacan et la boîte de mouchoirs

L'intégrale de la Saison 3

Chris Simon

REMERCIEMENTS

À Marie Fontaine, Dominique Lebel et Kathy Rogan
pour leurs précieux conseils.

SOMMAIRE

À Jacques Lacan et à mon psy parisien sans qui cette série n'aurait jamais germé dans mon esprit.

SÉANCE 1

— Je suis sa mère, répète la femme à tue-tête.

Elle porte une robe à fleurs dans laquelle son corps savamment boudiné imite la chenille et contre lequel un petit sac en cuir couleur mastic, suspendu à son épaule, se balance. Elle pose ses deux énormes yeux marron sur moi, bouche ouverte.

— Je cherche le docteur Mangin.

Elle me fait penser à un autocuiseur en début de pression quand la soupape hoquette plusieurs fois avant de siffler en continu, relâchant des mots à la place de jets de vapeur. J'hésite, un peu étonnée qu'elle l'appelle docteur.

— Il est là.

Je pointe du doigt Hervé Mangin, yeux clos. Les cris de cette femme ne l'ont pas réveillé. Stupéfiant. J'ai remarqué ces derniers temps, depuis sa disparition en fait, qu'il n'était plus... comment dire... il est moins... concentré, attentif... moins réactif aussi... un peu mou, même.

La femme ferme la porte derrière elle et fait quelques

pas vers moi. Elle est trop jeune pour être la mère d'Hervé Mangin, ou alors elle l'a eu à quinze ans.

— Excusez-moi, mais vous êtes la mère de qui ?

Elle ne me répond pas, s'approche du psy, dont la tête penche délicatement sur son torse. Il a arrêté de ronfler, sans pour autant être sorti de son sommeil. Il dort aussi profondément qu'une pierre.

— C'est lui ?

— J'espère…

Elle fait une grimace, sa bouche part en travers puis revient à l'horizontale.

— Qu'est-ce qu'il a ?

— Il dort.

— Vous l'avez endormi ? Ça vous arrive souvent d'endormir un psychanalyste ?

Elle se plante devant lui, le considère mi-sceptique, mi-excédée.

— C'est le docteur Mangin, vous en êtes sûre ?

— Dans une autre vie peut-être pas, mais dans celle-ci, c'est définitivement lui ou bien, je ne suis pas Judith Bernheimer, non plus.

— Je ne le voyais pas comme ça. Qu'est-ce que vous lui racontiez ?

Son ton accusateur me déplaît et me sort de ma zone de confort. Je bégaye.

— Je… je ne…

— Vous ne savez pas ? Vous faites partie de ces gens qui sont des "ça" énormes, sans aucun contrôle, vautrés jour et nuit dans leur inconscient comme dans un bain de boue.

Elle a baissé le volume d'un cran bien que sa voix continue de porter comme si je me trouvais à trois cents mètres de distance. Elle m'interroge. Elle me prend pour quelqu'un d'autre, son employée ou sa fille…

— Vous épuisiez ce brave homme avec quelles salades ?

Ma vie, une salade. Elle ne manque pas de culot et d'arrogance, cette femme.

— De fil en aiguille, j'en suis venue à parler de ma dernière rencontre.

— Vous êtes amoureuse ?

— C'est possible.

— Possible ? Tous ces gens qui doutent de leurs sentiments font le beurre des voyantes et des psychanalystes et encombrent leur officine.

Voilà maintenant qu'elle me prend pour une étagère ou un meuble quelconque.

— Vous le payez combien pour raconter votre dernière conquête ?

— Cinquante-cinq euros. Pas vous ?

— Apparemment cette somme n'est pas suffisante pour maintenir ou captiver son intérêt ! Augmentez-le !

Je me lève. Je sens que je ferais mieux de partir avant qu'Hervé Mangin ne se réveille, qu'il se débrouille avec sa patiente.

— Dans les années 70, Jacques Lacan prenait six cents francs les dix minutes et il paraît même qu'il mangeait et se curait les ongles pendant les séances.

— En dollars, ça fait combien ?

— En dollars, je ne sais pas, mais en euros d'aujourd'hui, ça fait cent cinquante, cent cinquante euros les dix minutes.

Elle tente de m'impressionner. Elle ignore qu'à New York, c'est le tarif minimum pour une séance. Elle se poste devant moi. Cherche-t-elle à me barrer le passage ?

— N'allez surtout pas croire que les psychanalystes s'intéressent aux femmes amoureuses. Ils aiment les problèmes, les gras et pathologiques problèmes dont les gens ne savent plus comment se débarrasser. Ils aiment croire ou vous faire croire qu'avec leur aide, vous pouvez les résoudre, et plus c'est difficile et plus ils vous le font payer.

— Il a décroché le gros lot avec vous.

C'est parti tout seul. Je n'ai pas pu me retenir. Le comportement de cette femme m'irrite depuis un moment et Hervé Mangin qui ne réagit pas.

J'espère au moins qu'il ne fait pas semblant de dormir et me laisse la charge de me dépatouiller avec elle.

— Détrompez-vous. Je ne suis pas une de ses patientes.

Je la regarde, interloquée, me demande ce qu'elle fait là, alors, dans son cabinet. Une de ses ex ? Une jalouse, peut-être dangereuse ? Je ramasse mon sac, prends ma veste, la contourne, la laissant coite devant mon fauteuil vide. Elle ne s'y assoit pas, mais éprouve le besoin de s'expliquer et reprend vite la parole.

— Je lui ai envoyé ma fille qui a des problèmes, de sérieux problèmes… Elle ne m'aime pas. Comment ne peut-on pas aimer sa mère, hein ? Je vous le demande. Celle qui vous a mise au monde, qui vous a nourrie, qui vous a donné la vie…

— Demandez-lui quand il se réveillera.

Elle passe derrière le bureau d'Hervé Mangin.

— Lui ? Apparemment, il ne trouve pas de solutions, car il se débarrasse de ma fille.

Elle scrute son bureau comme si elle y cherchait un indice, une preuve de notre existence.

— Comment ça ?

— Il ne peut pas la traiter. Incompatibilité, soi-disant. Il recommande un collègue. Eh oui, en plus d'être chers, les psychanalystes choisissent leurs clients.

— Il vaut mieux avoir un psy compatible.

— Qu'est-ce que vous en savez ?

On entend un énorme fracas. Je me retourne. Hervé Mangin est affalé de tout son long sur la moquette de la même couleur que sa chemise. Peut-être a-t-il eu un arrêt cardiaque ? Inquiète, je décide de le signaler à son assistante, d'autant plus que cette femme me rend folle et que j'y vois une opportunité de m'en débarrasser.

Je pose ma main sur la poignée, pousse la porte du cabinet. Hervé Mangin ouvre les yeux, effaré comme un somnambule qui se réveillerait au volant de sa voiture. Ni une, ni deux, je m'éclipse de la pièce, laissant la porte ouverte et je l'entends lui demander à peine réveillé :

— On se connaît ?

— Ça m'étonnerait.

Béatrice tient d'une main l'écouteur du téléphone fixe contre son oreille et parle dans son smartphone qu'elle tient à plat de l'autre main sur son bureau. Une histoire de livraison de réfrigérateur qui ne s'encastre pas proprement dans sa cuisine. Elle a l'air harassée par le problème et la double communication. Pas le moment de l'interrompre. Je la salue d'un signe discret et m'enfuis littéralement, un peu dépitée par ma fin de séance.

Le docteur Mangin se redresse à quatre pattes, puis se hisse à l'aide se ses mains sur ses deux jambes et se lève.

— Vous êtes ?

Il paraît plus petit qu'assis, plus rond, de la rondeur de ceux qui s'alimentent avec anarchie.

— Vous ne vous êtes pas fait mal ? Vous êtes tombé de votre siège comme une pomme d'un arbre.

— Vous avez un rendez-vous ?

— Pour quoi faire ?

Il consulte son agenda, se gratte la tête et me fixe avec

le regard ahuri d'un hibou qu'on vient de réveiller au milieu de la journée.

— Je peux savoir ce que vous faites dans mon cabinet ?

— Je suis la mère d'une de vos patientes, Chloé.

Il écarquille les yeux, ce qui lui donne un air encore plus ahuri. Le hibou qu'on réveille pour la quinzième fois en dix minutes.

— Veuillez m'excuser, je dois faire un point de la mi-journée avec mon assistante. Pouvez-vous patienter quelques minutes ?

Il sort, ferme la porte et me laisse seule dans son cabinet. Je vois. On ne peut pas dire qu'il sache recevoir. Ça en dit long sur sa personnalité et ses méthodes. S'il croit m'impressionner !

Je profite d'être seule pour ouvrir les tiroirs de son bureau. Une paire de lunettes, une paire de ciseaux, deux stylos, un agenda, rien de bien méchant ou savant... Un paquet de dossiers empilés étiquetés avec des noms. Y aurait-il le dossier de ma fille ? J'entrouvre la porte du cabinet, jette un coup d'œil dans la salle d'attente. Un homme passe, ça doit être Delaire, le deuxième psychanalyste dont ma fille m'a parlé, il part déjeuner visiblement. La voix du docteur Mangin parvient jusqu'à moi.

— J'avais bien rendez-vous avec Judith, ce matin ?

— Oui. Elle vient juste de partir. Vous vous êtes encore endormi ? Quand il fait chaud, il faut boire beaucoup d'eau. Vous ne buvez pas assez.

La secrétaire regarde dans ma direction, je suis obligée de pousser la porte. Je devine encore quelques mots de leur conversation tandis que je cherche dans les dossiers celui de ma fille.

— Qui est cette harpie dans mon cabinet qui parle

comme si tout le monde devait s'équiper d'un sonotone ?

— La mère d'une de vos patientes, Béatrice murmure, la voleuse ! Et elle est venue sans le tableau.

— Elle a pris un rendez-vous ?

— Non. Mais ça semblait urgent. Elle m'a fait une telle scène, j'ai craint le mélodrame. Du coup, je l'ai invitée à patienter. Vous n'aviez pas d'autres rendez-vous avant 15h.

— Il m'arrive de déjeuner.

— Je n'ai pas réussi à m'en débarrasser, désolée.

— Vous avez votre revanche du 11 novembre, c'est ça ?

— Je ne suis pas si rancunière !

— C'est ce que vous croyez ! Bon, je m'en occupe.

Il possède bien plus de patients que je ne l'aurais cru. Je trouve enfin ma fille dans tout ce fatras de papier.

Des pas se font entendre dans la salle d'attente, j'arrache la page, la glisse dans mon sac et range rapidement les dossiers. Le docteur Mangin entre. Je repousse discrètement le tiroir et m'assois derrière son bureau.

— Je me réserve ce côté du bureau. Pourriez-vous vous asseoir de l'autre côté ou dans le fauteuil destiné aux patients ?

Le docteur a ses manies. Obligée de me lever. Je m'installe dans le même fauteuil où se trouvait, à mon arrivée, la patiente avec un accent.

— Je vous écoute.

— C'est moi qui vous écoute.

Il ne dit rien, se contente de poser ses mains, l'une après l'autre sur les accoudoirs de son fauteuil art déco.

— J'offre une psychanalyse à ma fille et vous, vous ne

trouvez rien de mieux que de la virer ? Vous vous prenez
pour qui ?

— Excusez-moi, mais on ne va pas pouvoir dialoguer
si vous prenez ce ton.

— Dites-moi sur quel ton vous voulez me mettre,
alors ?

— Vous êtes dans mon cabinet, je donne les règles.
Vous les acceptez ou pas. Il n'y a pas d'obligation. Si elles
ne vous conviennent pas, vous partez. Je n'oblige
personne. Vous venez pour une consultation ?

— Je suis venue pour parler de ma fille.

— Elle le faisait très bien elle-même.

— Vous avez refusé de poursuivre sa thérapie. Je peux
savoir pourquoi ?

— Elle ne vous l'a pas dit ?

— Elle ne me dit pas tout.

— Qu'est-ce qui vous fait penser que je sais et peux
vous répéter ce que votre fille ne vous dit pas ?

— Épargnez-moi vos sarcasmes. Avez-vous congédié
ma fille ou a-t-elle claqué la porte ? C'est tout ce que je
veux savoir.

— C'est ce qui vous tracasse ?

— Je vous le demande.

— Qu'est-ce que cela va changer à la situation si je
vous le dis ?

— Vous vous croyez intelligent ?

— Laissez votre fille trouver un psychanalyste, qui sera
plus qualifié que moi pour la traiter.

— Vous n'êtes pas qualifié ?

— Elle a enfreint quelques règles fondamentales, ce
qui ne me permet plus d'établir une relation de confiance.

— Vous n'exagérez pas un peu ? Pour un malheureux
tableau, une copie, assez moche du reste. Vous devriez
être content qu'on vous en ait débarrassé et à moindres

frais.

— Votre fille vous l'a dit ?

— Pas besoin d'être Sherlock Holmes. Votre tableau est accroché dans son atelier et votre mur a une marque de la même taille. Ça reste entre nous... elle vole dans mon porte-monnaie depuis son plus jeune âge... Effaçons tout ceci. Ma fille vous ramène le tableau, vous reprenez la thérapie avec elle et on n'en parle plus, voulez-vous ?

— Je suis loin d'être le seul psychanalyste à Paris.

— Je l'accompagnerai. Que pensez-vous d'une thérapie à deux ? Moi et ma fille. Elle ne vous volera plus. Je m'y engage.

— Lui en avez-vous parlé ?

— Non, pas encore. Je voulais d'abord m'assurer que vous seriez partant avant de lui proposer. Qu'est-ce que vous en pensez ?

— Êtes-vous prête à aborder certains sujets ou entendre certaines choses en présence de votre fille ?

— Je ne lui cache rien. Je peux tout lui dire.

— Qu'est-ce qui vous fait croire que votre fille se sent aussi libre avec vous ? Des choses pas toujours plaisantes peuvent surgir...

— Je ne vois pas ce qui l'en empêcherait ?

Le docteur Mangin fournit d'énormes efforts pour réprimer un sourire.

— Docteur, je connais ma fille depuis qu'elle est née, elle m'écoute et je la connais mieux que personne. Elle fait ce que je lui dis de faire.

— Et vous n'avez jamais eu envie qu'elle ne fasse pas ce que vous lui demandiez ?

— Non. Vous avez des enfants ?

— Oui.

— Combien ?

— Un.

— Alors, vous devriez comprendre.

Enfin, je lui ai cloué le bec. Il reste silencieux, s'accoude, repose sa tête dans une main. Il ne va pas s'endormir une nouvelle fois, tout de même ?

— Tenez-vous à tout prix à ce qu'elle poursuive une thérapie initiée et payée par vous ?

— Ne me servez pas votre éternelle soupe.

— Avez-vous vous-même songé à entreprendre une psychanalyse ?

— À mon âge ?

— Nous ne sommes pas dans le système scolaire. L'âge n'est pas un critère de sélection en psychanalyse. J'ai des patients de tous les âges. La doyenne a quatre-vingt-cinq ans.

Il prend un air satisfait. Comme si aller consulter un psychanalyste à quatre-vingt-cinq ans était signe de santé mentale ou de sagesse. Il croit qu'il suit Mère Teresa, ou quoi ? Je le laisse à ses chimères et je me demande ce que je vais raconter à ma fille en présence de ce type un peu dodu…

Peu importe. Je voudrais sortir ma fille de l'impasse dans laquelle elle se trouve et il peut m'y aider.

— Vous avez une idée de l'ampleur du désespoir d'une mère ? Je veux qu'elle se marie, je veux des petits-enfants, ce n'est pas le bout du monde.

Il me regarde, moitié hibou, moitié fakir, se redresse dans son fauteuil.

— J'aurais une condition.

— Laquelle ?

— J'aimerais parler à votre fille avant de commencer la thérapie.

— Qu'est-ce que vous avez à lui dire ?

— Rien que vous ne sachiez déjà. Je veux m'assurer

qu'elle soit volontaire. La démarche n'est pas sans risques.

— C'est absolument indispensable ?

Le docteur Mangin me regarde d'un air vague. Il ouvre un large agenda à la couverture noire sur la table basse sur laquelle repose aussi une boîte de mouchoirs. J'en tire un mouchoir, le plie en deux et le mords délicatement pour absorber le rouge à lèvres qui a tendance à coaguler quand je parle longtemps et qu'il fait chaud, d'autant plus qu'on étouffe dans cette pièce.

— Fixons notre premier rendez-vous. Mardi prochain de 12h à 13h15, ça vous convient ?

— Une séance d'une heure quinze ? Je croyais que vous étiez lacanien…

— Je le suis. Je recevrai votre fille seule la première demi-heure, et si elle accepte, vous nous rejoindrez pour une première séance de quarante-cinq minutes.

— Si elle accepte ? Bien sûr qu'elle acceptera. Je suis sa mère.

Je cherche du regard une poubelle, froisse le mouchoir taché de rouge dans ma main tandis que le docteur Mangin note le rendez-vous sur une de ses cartes de visite puis me la remet.

— Ne lui demandez surtout pas de me rendre le tableau. Il faut que le désir de le rapporter vienne d'elle, pas de vous ou d'un tiers. Vous comprenez ?

Il se lève, ouvre la porte de son cabinet et me précède.

— Vous n'avez pas de poubelles ?

Il désigne une corbeille à papier à côté de son bureau. J'y jette mon mouchoir. Nous sortons.

Le docteur Mangin s'arrête devant sa secrétaire, lui transmet notre rendez-vous et me regarde partir.

Une fois sur le palier, j'appelle l'ascenseur et colle mon oreille contre la lourde porte du cabinet.

— Passez-moi le numéro de Judith.

— Vous la prenez ? Et avec la voleuse en plus ! Parfois, je me dis que vous êtes tout aussi tordu que vos patients, Monsieur Mangin.

— Vous voulez toujours votre week-end du 11 novembre, Béatrice ?

SÉANCE 2

Hervé Mangin s'assoit nonchalamment. Il porte toujours ses pantalons aux couleurs décalées, ni violets ni bordeaux mais prune, pas orange ou marron, mais rouille aujourd'hui ; pantalon qui finira aussi froissé que sa chemise en fin de journée.

— Excusez-moi pour la dernière séance, je me suis endormi. Je suis vraiment désolé. La chaleur oppressante de l'été et ces baies vitrées n'arrangent rien…

Des hélices brassent l'air et propulsent une brise chaude sur nous quand c'est de l'air froid qu'il nous faudrait.

— J'ai installé ce ventilateur.

Je m'assois, ne dis rien parce que rien ne me vient à l'esprit, sinon l'image de Christopher franchissant le sas des douanes à l'aéroport de Charles de Gaulle-Étoile avec ce sourire dans les vapes des décalages horaires.

Hervé Mangin se tait, se soutient le menton d'une main, le bras prenant appui sur l'accoudoir de son fauteuil. Il semble intensément présent dans cette grande pièce sans climatisation.

Le silence d'Hervé Mangin est un silence acheté. Un silence qui s'apparente à une matière souple, mobile et changeante, une de ces guimauves blanches, rose ou vert pâle qu'on peut encore déguster dans les foires de rues italiennes ou les marchés de Noël à New York. Une masse qui glisse mollement de son présentoir, entraînée par les lois de l'attraction terrestre et que les forains remontent d'un geste vif juste avant qu'elle ne touche le comptoir et ne se salisse. Une masse dans laquelle sa dernière phrase s'englue lentement comme dans un marécage et résonne à la manière d'un sonar, me donnant la localisation d'un problème dont j'ignorais jusqu'à l'existence.

— Nous avons passé quatre jours formidables. Ce n'est pas difficile à Paris. C'est la ville parfaite pour tomber amoureuse.

Son regard interrogateur me sonde comme s'il ne savait plus tout à fait de quoi je parlais. Nous replongeons dans une bulle de silence. Je ne le paie pas pour qu'il se taise, mais plutôt pour qu'il m'écoute. Le vrombissement sourd du ventilateur projette des murmures lancinants.

La main de Christopher me caresse le bas du dos, descend lentement et s'arrête au creux de mes reins.

— Je suis tellement contente que tu aies cet après-midi de libre.

Sa main y roule, puis remonte.

— J'ai quitté la conférence sur la pointe des pieds.

— Tu sèches les cours. Tu n'as pas peur de te faire pincer ?

— Je lirai le compte-rendu dans l'avion.

— À la place du mauvais film ?

Accoudée et à plat ventre sur le lit, je peux voir au loin

la foule assise sur les marches du Sacré-Cœur, les deux rames du funiculaire monter et descendre en se croisant ; et les nuages d'un blanc de zinc recomposer le ciel de Montmartre sans relâche.

— Tu veux voir la tour Eiffel ?

— Non, j'ai envie de fouler le pont des Arts avec toi.

Il roule sur le côté, attrape sa veste sur la chaise et en sort de l'une des poches un petit cadenas.

— Pour officialiser notre rencontre.

— Nous nous sommes rencontrés à New York, Christopher.

— Paris est la ville des amours.

— C'est un cliché.

— J'aime bien les clichés.

Je le chevauche, m'assois sur ses cuisses et lui confisque le cadenas.

— Tu veux m'enfermer dans ton rêve ?

— Dans mon cœur.

Il se retourne, me serre contre son torse et m'embrasse puis soulève le drap et m'y enroule. Il est sur moi maintenant et murmure avant de me lécher l'oreille :

— On recommence ?

Le ventilateur ralentit sa course, son nouveau bourdonnement m'hypnotise… Entre les quatre murs muets du cabinet d'Hervé Mangin rebondissent les mots dont les échos me reviennent comme des signaux ou des alarmes. Le silence permet aux émotions de se glisser entre les pensées. J'achète ces bulles de silence comme d'autres achètent des billets de TGV plein tarif. Il faut payer le prix fort quand on n'a pas le loisir de rentrer un lundi, voire un mardi et profiter des réductions. On vend notre temps aux entreprises comme les psychanalystes nous vendent le leur. Le ventilateur reprend de la vitesse, vrombit de toutes parts...

Disposons-nous de suffisamment de temps de silence, de temps pour nous dans lequel nous transformons en espace, en conscience de soi, notre moi inaltérable qui nous donne l'intense saveur d'exister ?

Depuis la rue du Louvre, nous traversons la bruyante rue de Rivoli après l'heure du déjeuner quand les employés retournent à leur bureau, l'estomac tranquillisé par une salade jambon-gruyère industrielle hors de prix, passons sous l'arcade du Louvre réservée à la circulation des bus.

Christopher dévore la cour Napoléon des yeux, la pyramide de I.M. Pei à notre droite, le carrousel à notre gauche.

Nous tournons autour de la pyramide de verre, impressionnés et fascinés par sa taille et les multiples reflets de ciel et d'ornements des frontispices de cette architecture imposante, rions des statues dressées au premier étage du pavillon Colbert dans le prolongement de chaque colonne. Les statues de François de Thou, Louis Boudaloue, Jean Racine, Voltaire, célébrités de l'histoire de France dont pour la plupart, nous ignorons tout, nous surplombent de leur niche.

— Ils nous protègent.

— Tu crois ? Racine a l'air très sévère.

— Non, intimidé. Il te trouve, sans aucun doute, irrésistible.

Christopher me regarde faire quelques pas comme s'il n'avait jamais vu marcher une femme. Je m'arrête.

— On n'échappe pas à la perspicacité de Racine.

Christopher m'attrape par la taille, déplie le bras

télescopique sur lequel il vient de fixer son smartphone et nous prend en photo avec Racine, puis m'embrasse.

— Paris est tellement plus belle avec toi.

Nous emportons notre selfie racinien, laissons le tragédien à ses pensées versifiées et continuons notre promenade parisienne.

Je propose de passer par la cour carrée du Louvre. Nous la traversons dans le silence attentif des cariatides et débouchons sur la Seine dont les berges embouteillées à cette heure répercutent le ronflement des moteurs dans toute la ville.

L'eau me calme, toujours, et partout.

Nous atteignons le pont du carrousel qui mène rue de Lille, là où Jacques Lacan habitait. Je suis passée tant de fois si près de cette rue, ignorant complètement qu'il y avait vécu. Il venait probablement chaque jour sur ce pont, contempler la Seine comme nous le faisons aujourd'hui. « La mort… La mort est du domaine de la foi… ». La réminiscence de sa voix me surprend : « Vous avez bien raison de croire que vous allez mourir… ». Réminiscence de cette vidéo sur Internet dans laquelle Jacques Lacan s'adresse à ses étudiants. « Ça vous soutient ». Je serre la main de Christopher tandis que la voix continue : « Si vous n'y croyiez pas, est-ce que vous pourriez supporter la vie que vous avez… »

Nous traversons le passage piétons, le pont des Arts, enfin, s'ouvre devant nous, fin, élégant. Nous ne sommes pas seuls et pourtant, il me semble que le pont nous appartient dans sa totalité.

— Il n'y a plus de cadenas ?

Christopher ne cache pas sa déception.

— Tu ne le savais pas ?

— Nooon.

— Merci à deux de nos compatriotes, qui ont milité

contre ; et elles ont gagné la bataille. Il y avait des milliers de cadenas, sur toutes les balustrades, même sur celles qui longent les berges. Ils envahissaient le paysage comme de la mauvaise herbe. La structure en métal croulait sous le poids des amours du monde entier... Ça prend deux Américaines pour défendre l'intégrité d'une capitale comme Paris ! Que les touristes aillent s'aimer ailleurs !

Christopher sourit, sort le cadenas de la poche de son pantalon tube, le verrouille, me remet la clé et jette le cadenas par-dessus la nouvelle balustrade en plexiglas.

— Il m'a donné la clé...

— C'est un signe de confiance.

La brise chaude balaie nos visages, soulève une boucle du front d'Hervé Mangin.

— Ça me rappelle un rêve que j'ai fait il y a quelques années. Je venais d'arriver dans un village, une de ces colonies d'artistes ou de vacanciers. On m'avait remis un trousseau de clés assez lourd, de vieilles clés de granges ou d'anciennes fermes, et décrit la maison qui m'était allouée. Quand j'ai trouvé la maison, je me suis rendu compte que la porte était ouverte, puis plus tard que les portes de toutes les maisons n'étaient pas verrouillées. Je n'avais donc absolument pas besoin de clés. Le trousseau ne me servait à rien.

— Les maisons étaient vides ou occupées ?

— Je ne sais plus si des gens y habitaient, mais les maisons étaient meublées.

Le ventilateur en sourdine rythme mes paroles.

J'ai parfois l'impression de raconter toujours la même chose, une sorte de déclinaison de la dernière séance. Séance après séance, les phrases, les mots, les silences se copient eux-mêmes à l'infini. Comme si les murs lisses, les deux fauteuils, la table basse, la boîte de mouchoirs présente aujourd'hui, me soufflaient les mêmes pensées, les mêmes mots, les mêmes phrases. Je me suis installée dans un discours. Mon discours. Une dialectique dont les mécanismes me dépassent largement.

Hervé Mangin attend que je rompe le silence, mais pas un mot de plus ne me vient, seulement un diaporama d'images qui défilent comme un film : Christopher ; le visage statique des statues du Louvre penché sur lui ; la pyramide, diamant de vingt mètres de haut, les berges de la Seine, les bateaux-mouches disparaissant sous le pont des Arts pour réapparaître derrière nous ; et de l'autre côté du pont, la Rive Gauche dans laquelle les touristes américains se précipitent et s'entassent à la recherche du Paris mythique des années 30.

— Vous ne vous intéressez qu'aux problèmes des gens.

— Les gens viennent me voir quand ils sont déprimés plutôt qu'amoureux, c'est certain.

— Je n'ai pas grand chose à vous dire. Je ne vais pas m'inventer des problèmes, ou pire, aller en déterrer d'anciens qui me paraissent plus des fossiles qu'autre chose pour justifier ma venue... Votre cabinet met en fuite le bonheur.

— Les instants de bonheur sont très importants.

Il l'a dit d'un ton enjoué, ce qui est rare chez lui, comme s'il y croyait. J'en doute. Dans sa vie privée peut-être, mais dans son cabinet...

— Dois-je vous rappeler que vous étiez venue me voir alors que tout allait mal ?

Difficile de faire la part des choses quand on est heureux. Dois-je creuser ou laisser enterré ce qui n'est pas remonté à ma conscience depuis des décennies ? Cette question surgit au moment où je m'y attendais le moins, alors que tout me sourit. Doit-on forcement parler de tout, même de ce qui ne nous hante pas vraiment de notre enfance ? Ce que je ne dis pas, est-ce que je le cache où n'a-t-il seulement que peu d'importance ou d'intérêt pour l'adulte que je suis ?

Je me demande quels sont les moments qui ont été vraiment décisifs de cette période, qui ont façonné ma personnalité, mon système de valeurs et ma façon d'interagir avec le monde. Ai-je pleinement accès à ce qui me constitue ?

Je rêve une seconde d'être dans la tête d'Hervé Mangin, de m'entendre à travers les grilles de son système d'analyse. Peut-on s'écouter soi-même ? Peut-on arriver à s'entendre comme les autres nous entendent au risque de disparaître à jamais ?

— L'amour donne des ailes, la psychanalyse des oreilles.

Je me laisse immerger, aussi animée que les cariatides de la Cour carrée, dans le silence de son cabinet.

L'amour de l'autre n'est pas le remède unique à tous nos maux. Il offre une échappatoire tellement il est difficile de s'aimer soi-même. Comment pourrais-je m'aimer vraiment ? J'ai tous les défauts de l'humain. Il n'y a que les narcissiques pour se donner l'illusion de tous les instants qu'ils s'aiment… Peine perdue.

Nous sommes condamnés au regard de l'autre, au miroir déformant. Nous sommes condamnés à aimer pour peut-être être aimé.

Christopher descend l'escalier de la butte Montmartre, veste suspendue à un doigt par-dessus son épaule, jean fuselé aux chevilles, cheveux reflétant les rouges et ors du coucher de soleil, astre descendant juste avant que les toits gris ne se fondent sur un Paris ciel éteint. Ses hanches basculent chacune leur tour d'une marche à l'autre. Arrivée la première en bas des marches, je photographie son reflet dans la vitrine du restaurant chez Marie, rue Gabrielle, pas encore ouvert. Je m'interroge. Aimer dans une autre ville que la sienne, n'est-ce pas une forme de tourisme sentimental ?

Hervé Mangin se cure les ongles sur notre silence mutuel, boucles balayées par le souffle artificiel du ventilateur. Je ne rêve pas. Un autre comportement lacanien qui me dépasse. J'imagine mal un Freudien se couper les ongles, se maquiller pendant une séance. C'est ridicule. Je me demande ce que ce geste est supposé amorcer.

— Vous avez besoin d'une manucure ?

Il cesse de suite, s'enfonce à son tour dans le silence immobile que nous avons bâti, séance après séance depuis le début de ma psychanalyse, comme deux inuits sur la banquise construisent un igloo, bloc de neige après bloc de neige, au cœur de l'hiver.

Il y a des séances comme ça, ronflantes, qui semblent vaines, inutiles, qui se finissent comme des poids morts et vous soufflent que vous venez de jeter cinquante-cinq euros par la fenêtre. Rien ne me vient. Le vrombissement du ventilateur emplit la pièce d'ironie.

— Je vais vous faire un cadeau, aujourd'hui.

— Je ne suis pas sûr d'accepter…

J'ai le cadeau idéal, il ne pourra pas refuser. Je le fixe, assez contente de moi.

— Je vais partir plus tôt.

Puis, je consulte l'affichage de l'heure sur l'écran de mon portable.

— Quatorze minutes plus tôt. Je vous offre la moitié de ma séance.

Il ne bouge pas. Je me lève avant lui. Il prend son agenda.

— Je vous vois dans deux semaines ? Ça me semble être redevenu le bon rythme...

J'acquiesce. Lui aussi. Nous nous quittons sur cet accord parfait.

Béatrice n'a toujours pas trouvé le bon réfrigérateur. Tous les téléphones sonnent en même temps. Elle est plantée devant son bureau, ne sachant que faire. Courir, décrocher, prendre sa journée, s'asseoir, répondre, hurler, avaler un tranquillisant, démissionner, appeler son médecin ? Des fois d'avoir trop de choix, tue le choix.

— C'est un cauchemar. Et mon mari qui est en déplacement. D'habitude, il s'occupe de ce genre de problème. Je ne m'en sors pas, je ne sais plus où donner de la tête.

— L'électroménager est conçu par des hommes, mais malheureusement, ce sont les femmes qui l'utilisent !

— Exactement ça.

Elle reste plantée décroche le fixe.

— Bonne journée, Judith. Allô. Allô... allô, oui, cabinet Mangin-Delaire.

SÉANCE 3

Ma mère se tient en face de moi dans la salle d'attente. Jambes croisées, prête à en découdre avec le psy, moi, la vie et les empêcheurs de tourner en rond.

— Il ne t'a pas expliqué pourquoi il m'avait virée ?

— Je te l'ai déjà dit cent fois, Chloé.

— Aucune excuse, même pas un semblant d'explication ?

— Pas le genre des psychanalystes.

— C'est vrai que tu es capable de faire croire à un aveugle qu'il est sourd.

Elle décroise les jambes, prête à l'attaque, prête à se lever, dès que le docteur, comme elle l'appelle, sortira de sa boîte.

— Tu as remarqué comme les chaises sont moches ?

— Tu n'as jamais aimé le vert.

— Il n'investit pas l'argent de nos séances dans le mobilier, c'est sûr.

— Il possède de très belles chaises Knoll dans son cabinet.

— La perspective de te soutirer un peu plus de fric lui

a fait changer d'avis.

— Ne sois pas si cynique, à ton âge. Dans ce cas, il serait chef d'entreprise, pas psychanalyste. Le monde est rempli de gens honnêtes et bien intentionnés ,contrairement à ce que ta génération pense.

J'admire ma mère à plus de soixante piges, elle croit encore en la bonté des hommes.

La porte s'ouvre lentement. Le psy apparaît, calme, posé, en parfaite harmonie avec son environnement. Il salue ma mère puis me serre la main, nous le saluons en retour. Il m'invite à entrer. Il n'a pas remplacé le tableau, sans doute espère-t-il toujours le revoir ? Il rêve. En même temps, il faut une certaine dose de naïveté pour faire son métier. Croire en l'amélioration possible de l'homme, croire qu'on peut réparer les humains et s'y atteler… Quel optimisme !

— On se retrouve.

Les retrouvailles ne ressemblent ni à celles de camarades de colonies, ni de vieux cousins, ni d'anciens collègues.

— Vous avez envie d'aborder un sujet particulier ?

— Quoi par exemple ?

— À vous de me le dire.

Il patiente. C'est sa technique de se taire, d'attendre, de guetter un éventuel signe, un raclement de gorge, une quinte de toux, un rire, un lapsus… que sais-je ? Le moindre frisson qu'il pourra interpréter.

— Votre mère a initié cette séance. Vous l'avez acceptée. Comment voulez-vous l'aborder ?

— Je n'y ai pas pensé. Ma chatte n'a pas…

— Je vous demande d'y réfléchir.

Hervé Mangin m'a interrompue, c'est la première fois. Il a grossi, pas suffisamment au point de devoir changer ses fringues. Il porte toujours les mêmes chemises qu'il remplit mieux et qui risquent de finir encore plus froissées en fin de matinée. Un bouton à la hauteur de son nombril aimerait céder et guette le premier mouvement brusque. Cet embonpoint lui donne un air bonhomme, presque trop gentil.

— Ma mère a peut-être eu une bonne idée, pour une fois.

— Pour une fois ?

C'est une question succincte comme il aime les formuler.

— Elle voit le monde toujours de sa fenêtre et se fait pas mal d'idées sur les autres et ce qu'ils veulent….

— Vous n'êtes pas obligée.

— Je sais.

— J'aimerais connaître vos motivations. Qu'est-ce que vous cherchez dans cette rencontre ? Vous ? Votre mère ?

— J'aimerais plutôt m'en débarrasser.

Il ne sourit pas, mais se lève, attrape la chaise qui se trouve derrière son bureau, la déplace à côté de la mienne.

— Vous êtes prête ?

— Oui.

— Alors, allons-y.

Il fait quelques petits pas vers la porte, des pas modestes, réfléchit, prie ma mère d'entrer.

— Installez-vous.

Il l'observe s'asseoir l'air de rien, le regard un peu en dessous. Ma mère, découvrant la chaise, s'exclame :

— Vous n'avez rien de plus confortable ?

— C'est tout ce que je peux vous proposer aujourd'hui. Nous verrons pour la prochaine séance, voulez-vous ?

Le psy s'installe. C'est un rituel. Gestes lents, visage impassible, en mode retrait, presque absent, il me fait penser à Michel Houellebecq entrant sur un plateau de télévision. Il y a mise en scène, même modeste. Assis, immobile, tête baissée, face à nous, comme s'il voulait nous faire toute la place à ma mère et moi. Ce surcroît d'espace me fout le vertige. Je vacille du haut de mon fauteuil, j'en perdrais l'équilibre, tout se vide. Je me retiens virtuellement au corps du psy tassé dans son fauteuil, m'enfonce dans son silence qui se veut convivial, y coule comme dans un lac. Ma mère et moi nous ne résistons plus à cette lente plongée, en apnée, dans laquelle nous pouvons nous ignorer.

— De quoi souhaitez-vous parler ?

Sa question a décapité la masse silencieuse et sans vagues dans laquelle nous nous baignions d'une lame tranchante et précise.

Ma mère et moi, nous avons croisé nos regards quelques secondes, puis le silence est revenu plus aiguisé que jamais, plus embarrassant que dans une salle d'attente de dentiste à moitié vide. Ma mère, n'y tenant plus, se racle la gorge, puis voix portant au-delà des murs, un regard persistant posé sur le psy impassible, lâche :

— Je me fais du souci, voilà.

Elle espère garder toute son attention, espère en retour une réponse, mais le psy, dos voûté, aussi calme et muet qu'une conque vivante, lui renvoie son regard sans tain.

— Quel genre de soucis ?

— Des soucis de parents, répond ma mère comme si je n'étais pas avec eux dans la pièce.

Le psy avance son torse au-dessus de ses genoux, un mouvement de sollicitation me rappelant que j'existe. Mon vertige est à vif.

— Vous voulez dire quelque chose, Chloé ?

Je ne réponds pas, me sens projetée sur le mur vide derrière lui.

— Le souci de votre mère vous paraît-il justifié ?

Ma projection se cogne au mur et réveille d'un coup de poing une vieille tristesse qui me fout en rage.

— Qu'est-ce que tu prouves ? Qu'une vraie mère, ça s'inquiète pour sa fille et si ça ne s'inquiète pas ce n'est pas une mère ?

— Ne m'agresse pas.

— Je ne t'agresse pas. Je me demande s'il y aurait des mères qui ne se sentent pas obligées de s'inquiéter pour être des mères à part entière.

— Attends, d'avoir des enfants. On en reparlera.

— Ton inquiétude ne justifie pas d'avoir lu mon journal.

Voilà, je l'ai dit. Maintenant, elle sait que je sais qu'elle lisait mes pensées intimes.

— Vous tenez un journal ?

— Quand j'étais adolescente. Plus maintenant. Non mais vous me voyez à trente piges écrire mes petites misères...

— On peut y noter ses rêves, par exemple. Certains de mes patients le font.

Je souris. S'il croit m'amadouer avec sa collection de névrosés.

Ma mère me fixe, bouche bée comme une femme qui réalise que son mari est mort, alors qu'il était vivant la veille. Le psy tel un caméléon prend la couleur de la moquette.

— J'ai été obligée, forcée même de lire ton journal. Comment j'aurais pu comprendre ce qui se passait dans ta tête à ce moment-là.

— C'est du terrorisme !

— Ne dis pas n'importe quoi. Je me sentais démunie face à ton adolescence. Je ne te comprenais plus. On avait peur de la perdre, on avait peur de la drogue, des mauvaises fréquentations. N'est-il pas normal de vouloir protéger son enfant ?

Le psy s'anime, il reprend des couleurs. Notre conversation l'intéresse certainement plus que les histoires de ma chatte que je lui ai racontées la dernière fois.

— Au fait, ma chatte n'a pas le cancer.

— Comment l'avez-vous appris ?

— Je suis allée chez le vétérinaire.

— Bien. C'est une bonne nouvelle.

Il se penche en avant, dit à ma mère d'une voix anormalement douce. Personne ne parle avec cette douceur en dehors de ces murs.

— Prenez-vous conscience que votre fille ait pu vivre cet acte comme une violence psychologique ?

Ma mère opine de la tête, puis pose ses mains à plat sur les genoux.

— N'exagérons rien. Ça m'est arrivé occasionnellement…

— Je vous demande juste de réfléchir à cette violence, non volontaire, je l'entends bien.

Ma mère recule, son dos heurte le dossier de la chaise sur laquelle elle est assise. Elle ne peut pas aller plus loin, échapper à la situation. Coincée, elle croise les bras, se renfrogne. Le psy ne perd rien pour attendre.

Le néant me happe de nouveau. La moquette grise bascule dangereusement de droite à gauche. Une main tirant sur le passant de l'accoudoir, je surgis de ma torpeur sur la pointe des fesses.

— Je l'ai remarqué très vite. Tu n'étais pas très discrète.

La colonne vertébrale de ma mère se déroule petit à petit le long du dossier de sa chaise jusqu'à sa tension maximale. Raide comme une tubulure de tente, elle pâlit dans la grande pièce aux murs blancs. Passe par le blanc plus foncé de la marque du tableau manquant, pâlit encore d'un degré. Ses joues maintenant se fondent dans la blancheur des trois autres murs.

— À partir du jour où j'ai découvert qu'elle lisait mon journal, mon écriture a changé. J'ai écrit un journal pour elle.

— Vous aviez deux journaux ?

— Deux ?

— Un pour votre mère et un autre secret. C'est ce que je voulais dire.

— On ne peut rien cacher à ma mère. J'ai continué comme si de rien n'était, mais secrètement je l'ai appelé le journal de l'insincérité. Je n'étais pas sûre que ce mot existe. J'ai vérifié, il existe. J'aimais inventer des mots quand j'étais adolescente.

— Aujourd'hui vous les conservez en réparant des livres.

— La plupart des mots dans les livres, qu'on m'apporte à relier ou simplement à rénover, ont été abandonnés, certains oubliés depuis des années, d'autres depuis plusieurs siècles.

— Qu'est-ce que tout cela a à voir avec ce qui nous préoccupe ?

— Qu'est-ce qui nous préoccupe ?

— Ne l'écoutez pas, c'est un tissu de mensonges. Elle ment depuis tellement longtemps qu'elle ne distingue plus ses mensonges de la vérité.

— Tu m'as forcée à mentir. À part garder tout dans ma tête, l'apprendre par cœur, je ne vois pas comment j'aurais pu préserver une intimité, un coin à moi, mon jardin secret.

— Vous ne pouviez pas cacher votre journal, tout simplement ?

— Elle l'aurait trouvé. Je n'avais plus confiance.

— Vous n'aviez pas confiance en votre mère ?

Je hoche la tête.

— Vous entendez ce que votre fille dit. Comment vous envisagez de regagner sa confiance ?

— Pour l'argent elle me fait confiance, à son père aussi.

— Laisse papa en dehors de ça, s'il te plaît.

— En dehors de quoi ?

— Essayons de revenir à la confiance. Je serai disponible pour parler de votre situation personnelle dans une séance individuelle, si vous voulez. Notre travail ici, votre engagement dans cette thérapie concerne la relation entre vous et votre fille. À moins que votre mari ne veuille se joindre à ce travail…

— Je souffre et elle me juge.

— Je ne juge pas; je raconte les faits. J'ai passé mon adolescence sous l'inquisition, l'autocensure.

— Vous voulez répondre ?

Ma mère affiche un visage de victime.

— Demandez-lui ce qu'elle en a fait.

— Vous voulez répondre ?

Il s'est tourné vers elle, avec toute la diplomatie apprise au cours de ses études et de son expérience, tournant d'un quart de tour vers elle, non pas juste en pivotant la tête, mais tout le corps jusqu'aux orteils que je surprends à s'animer sous l'embout en caoutchouc de sa Pataugas de scout.

Ma mère reste immobile, indétrônable. Le regard teinté du mépris de celles qui savent que l'argent ne rend pas supérieur, mais permet de le faire croire à ceux qui en ont moins ou pas du tout. Le psy ne semble pas impressionné, la vision de ma mère glisse sur lui, aussi magiquement que si soudain il était imperméable à la pluie et que les trombes le laissaient aussi sec qu'un lézard prenant un bain de soleil.

— On fait mon procès, maintenant ? Je n'apprécie pas beaucoup vos procédés.

— Procédés ? Expliquez-vous, je vous en prie.

— Ne croyez pas que je ne vois pas venir votre petit jeu… Votre petite alliance à tous les deux ?

— Il n'y a pas d'alliance ici, mais je comprends que vous pouviez le ressentir.

— Ressentir ? Vous travaillez pour qui ?

— Nous travaillons ensemble. Ensemble nous essayons d'éclairer votre relation, d'en dénouer les fils. Revenons au journal de votre fille, si vous le voulez bien.

Ma mère se tait. L'angoisse m'assaille comme une pelleteuse qui me creuserait l'estomac.

— Qu'est-il devenu ?

J'ai mal au ventre, au dos, aux dents, je vais m'effondrer, chuter dans ce vide.

— Alors, dis-lui. Raconte jusqu'au bout maintenant que tu as commencé.

Je me tais. J'aimerais qu'elle le dise elle-même, qu'elle reconnaisse devant témoin ce qu'elle m'a fait. M'espionner toute ma vie…

La pelleteuse s'arrête et me laisse un trou béant à la place du foie, de la rate, des intestins et de l'estomac. Vidée de mes viscères, je n'ai plus d'autre choix que de jaillir de mon silence.

— Ma mère l'a détruit.

Le psy balaie ses Pataugas d'un coup d'œil circulaire. J'inspire par le nez. Je me demande s'il a été scout. Ça me distrait de l'angoisse insoutenable avec laquelle je me débats. J'expire par la bouche sans l'ouvrir trop. Il n'a pas le profil du scout, toutefois quand on est enfant, on se coltine toujours au moins un parent qui a le chic de nous trouver une activité qui ne nous correspond absolument pas. Porterait-il des chaussures qui lui rappellent de mauvais souvenirs ?

J'en doute.

— Est-ce vraiment indispensable de remuer des petites choses qui se sont passées il y a si longtemps ? N'y-a-t-il pas prescription ?

— Vous appelez ça remuer ? Il s'agit plutôt de libérer vos émotions par la parole…

Ma mère se retourne vers moi et sans détour me jette un :

— À ton âge, il serait temps que tu t'en remettes et que tu passes à autre chose, non ?

Puis avec des yeux de sainte ou d'illuminée, elle crie :

— Dis-lui ce que tu y écrivais dans ce journal. Dis-lui !

Je me demande quelles informations il déduit de notre look et ce qu'il peut en tirer. Moi, tout en blanc, ma mère affublée d'imprimés. Elle garde ses vêtements des années, plusieurs décennies parfois. Elle en a fait une fierté. Elle possède trois catégories de vêtements : les classiques, les basics et les éphémères. Les couleurs secondaires et demi-teintes des fringues du psy ne lui auront pas échappé.

— Là, tu fais moins la maligne.

Je me demande si elle va aller jusqu'au bout, révéler le contenu.

— Je vais vous le dire ce que j'ai pu lire dans son torchon. Des insultes. Elle m'y insultait. De la calomnie pure. Au bout de quelques mois, j'en ai eu assez. Des pages et des pages de méchancetés. Je l'ai pris et je l'ai brûlé.

— Quand je dis que c'est de l'inquisition, je n'exagère pas.

Ma mère pousse un cri. Le psy fait un mouvement de recul qu'il essaie de dissimuler.

— Bien, bien, bien.

Il affiche une mine satisfaite, presque enjouée.

— On va s'arrêter là pour aujourd'hui.

La technique est brutale, mais efficace quand on ne sait plus dans quelle direction relancer le dialogue, je suppose. Nous voilà donc suspendues à ce vide dans lequel je flotte depuis plus d'une demi-heure

— Comment ça vous arrêtez là ? Vous nous jetez dans le chaos… et…

— La séance est finie.

Il prend son agenda, considérant sa montre.

— On se voit la semaine prochaine, même jour, même heure ?

Nous notons, sortons. À travers les vitres de l'ascenseur en verre dans lequel nous sommes confinées, nous contemplons les paliers jusqu'au rez-de-chaussée sur lequel ma mère me jette un :

— Je n'aime pas beaucoup ses méthodes.

— Moi non plus.

SÉANCE 4

— Ma fille n'est pas là, docteur. Je l'ai appelée sur son portable. Elle ne répond pas, elle est sûrement en route, dans le métro ou dans la rue, elle n'aura pas entendu la sonnerie.

— Dans ce cas, si ça ne vous dérange pas, j'ai quelques coups de fil à passer, je reviens vers vous dans quelques minutes.

— Disposez.

Décidément c'est une manie chez lui de recevoir les gens en s'absentant. Je relance un appel sur mon portable. Toujours personne. Répondeur automatique. Je lui laisse un troisième message. Je ne suis vraiment pas bluffée par ce psychanalyste. Ma fille a encore fait le mauvais choix. La situation n'évolue pas et il n'a encore rien résolu. Une profession de plus qui vend du vent, des nuages et des barbes à papa. C'est vrai qu'elles sont moches ces chaises vert dragée. Il réapparaît.

— Toujours pas arrivée ?

— Comme vous le voyez.

— Entrez.

— Sans ma fille ?

Il ne sourit pas vraiment, plutôt une expression de bienvenue ou de bienveillance. Il me fixe, je le fixe. Nous nous fixons. Il porte une chemise bleu profond avec des motifs d'un bleu à peine plus clair me laissant l'impression d'un halo lunaire dans la rétine. Le tout est assez mauresque.

— Comment ça se passe avec votre mari ?

— Très bien. Merci.

Il ouvre la bouche, la ferme, la réouvre :

— Vous l'aviez mentionné lors de notre première rencontre.

— J'ai parlé de mon ex-mari ? Je ne m'en souviens pas.

— Ex ?

— Je suis divorcée depuis presque vingt-cinq ans.

Il ferme définitivement la bouche

— C'est gentil d'avoir pensé au fauteuil. Hélas, j'ai bien peur qu'il ne soit inutile. Presque vingt minutes de retard, elle ne viendra pas.

Il se tait, immobile comme un mannequin dans une vitrine de grands magasins qui ne semble jamais s'ennuyer.

— Ma fille était très jeune quand nous avons divorcé. N'allez pas croire que je me sens coupable. J'ai fait un très mauvais mariage.

— Mauvais à quel point de vue ?

— Tous. Sous tous les angles. Au début, c'était formidable, il m'aimait, je l'aimais. Mes amis, mes parents l'adoraient. Et puis, je suis tombée enceinte. Les problèmes ont commencé. Mes amis, ma famille l'adoraient toujours, je commençais à éprouver une certaine jalousie envers eux, un sentiment dont j'avais plutôt honte. Dans notre intimité, je ne peux pas dire qu'il était adorable. Je devais tout faire, les courses, la vaisselle, le ménage, et le satisfaire sexuellement le soir. Et il ne s'agissait pas de prétendre être fatiguée ou malade quand il voulait.

— Voulait quoi ?

— Je dois vous faire un dessin ?

— Et vous n'aviez pas envie ?

— Au début, si, j'aimais ça, seulement au fil des mois c'est devenu un peu une corvée, comme le reste. Il ne se préoccupait plus de mon désir. Il considérait que ça faisait partie du contrat de mariage.

— Et vous, non ?

Je hausse les épaules.

— Tous les soirs, sans faute ? Je ne suis pas une machine.

Il balaie la table basse d'un œil las. J'enchaîne.

— Jusqu'au jour où j'ai été trop enceinte, je veux dire que cela se voyait, le ventre, les seins, j'avais pris déjà une bonne dizaine de kilos et il n'a plus voulu. Et là, l'enfer a commencé. Et quand je dis l'enfer, ce n'est pas une métaphore.

— Décrivez.

— Chacun a sa vision de l'enfer, j'en suis sûre. Ça a commencé bêtement. Tout ce que je faisais était comparé avec mes amies, et bien sûr, elles le faisaient toujours bien mieux que moi. Elles étaient mieux habillées que moi, réussissaient leurs dîners, leur carrière, leur couple, jusqu'à leur grossesse mieux que moi ; même ma mère, quand j'y repense, qui n'a jamais été d'une élégance extrême, le devenait. Elle avait soudain du goût, de l'allure, du style d'après lui. Ma mère, mes amies en retour lui faisaient une confiance absolue. Elles étaient séduites par ses compliments, son attention.

— Comment avez-vous réagi ?

— Réagi à quoi ? Je n'ai pas compris de suite. C'est seulement au bout de quelques mois que son comportement m'est apparu. Il m'enfonçait sur tout en me disant que tous les membres de notre cercle social valaient mieux que moi. Au même moment, j'ai arrêté mon travail, congés maternité, j'étais donc isolée, seule la journée, rien pour me valoriser. J'ai commencé à déprimer.

— Qu'est-ce que vous faisiez ?

— À l'époque, j'étais encore hôtesse, c'est plus tard que j'ai monté mon entreprise d'événementiel.

— Hôtesse de l'air ?

— Non, hôtesse pour des salons, des événements.

— Un métier dans lequel il faut prendre soin de soi, de son apparence, non ?

— Exactement.

— Vous vous seriez laissée aller en ne travaillant plus ?

— J'ai une tête à me laisser aller ? Je continuais de m'habiller chaque jour, d'autant plus que nous avions les moyens. Je faisais les boutiques pour futures mamans. Je ne suis pas du genre à rester en pyjama à la maison.

Il me regarde, convaincu. Je me penche en avant au-dessus de la table basse, tire sur le coin d'un mouchoir, en extrait deux sans le vouloir. Je ne sais quoi faire du deuxième... Je le plonge dans la boîte et avec l'autre m'essuie la commissure de la bouche de peur d'avoir bavé du rouge.

— C'est fou ce que le temps passe vite dans votre cabinet.

— Ça dépend pour qui.

— Vous avez un compteur comme dans les taxis ?

Cette fois, il sourit. Son portable sonne, il en consulte l'écran.

— Veuillez m'excuser.

Il répond, prend un rendez-vous, raccroche.

— Où en étions-nous ?

— Je ne vous paie pas pour que vous passiez mon temps au téléphone avec d'autres patients.

— Normalement, je ne réponds pas, mais ce patient est dans l'urgence, je devais caler un rendez-vous avec lui le plus vite possible.

Une deuxième sonnerie, la ligne fixe cette fois, retentit. Il répond.

— Merci Béatrice.

Trop, c'est trop. Il raccroche.

— Votre fille vient d'arriver. Si vous le souhaitez, on peut se voir régulièrement.

— Sans ma fille ?

— Oui, si vous voulez.

— Le temps défile à une vitesse, ici.

— En général, mes patients disent plutôt le contraire…

On frappe.

— Entrez.

Ma fille s'installe. Je croise les jambes, les bras, un peu engourdie par le souvenir de ma jeunesse et mes premières années de mariage et l'incroyable impression d'avoir fait un voyage dans le temps.

— Désolée d'être en retard, si je vous donne la raison, vous ne me croirez pas, c'est pourtant bêtement ce qui m'est arrivé. Bonjour, Maman.

— Vous avez pratiquement raté toute la séance.

— Je l'ai passée dans l'ascenseur de mon immeuble. J'y étais coincée. Une panne. Bloqué entre deux étages, le truc idiot, quoi.

Le docteur et ma fille échangent des regards, comme si l'un cherchait le mensonge de l'autre. Ou tentent-ils de sonder leurs vérités respectives ?

— Il vous reste une dizaine de minutes, qu'est-ce que vous voulez aborder ?

— Nous étions restés au jour où ma mère a brûlé mon journal.

— Vous voulez expliquer ce geste ?

— Expliquer ? Mais il n'y a rien à expliquer. J'ai jeté le journal dans la cheminée. La couverture a commencé à fondre, la moleskine s'est liquéfiée sous l'intense chaleur, puis les pages ont pris feu. Une énorme flamme l'a englobé, comme avalé, et voilà, je me suis sentie lavée, purifiée de toutes ses inepties.

— Quand on lit ce qui ne nous appartient pas, voilà ce qui arrive. Quand on écoute ce qui ne nous est pas destiné, eh bien, que l'on ne s'étonne pas ou que l'on ne fasse pas semblant d'être choqué par ce que l'on a lu ou entendu…

— Vous êtes tombée sur le réel.

— Le réel ?

— Vous n'avez pas interprété, symbolisé le journal de votre fille, vous l'avez brûlé, vous êtes passée à l'action.

— Je ne pouvais pas me laisser insulter continuellement.

— Vous auriez pu en parler avec votre fille.

— Tu parles, elle aurait eu à avouer qu'elle lisait mon journal.

— Pas forcément.

— Ah ça, mentir, on sait le faire dans la famille !

— Il y a plusieurs façons d'approcher la vérité. Elle ne s'aborde pas nécessairement de front.

Le docteur devient subtil. Nous nous taisons religieusement. Ma fille se tourne sur le grand vide du mur, contemple la marque du cadre absent, son œuvre en quelque sorte. Le docteur détache son bras de l'accoudoir, consulte sa montre l'air de rien.

— On va devoir s'arrêter pour aujourd'hui.

Ma fille sort un document, le brandit en regardant le docteur.

— Vous n'avez pas perdu quelque chose ?

Le docteur se rigidifie comme une résine au contact du moule.

— Qu'est-ce que c'est ?

— Une de vos fiches clients.

— Où l'avez-vous trouvée ?

— Dans le sac à main de ma mère. Cela vous étonne ?

— Remettez-la moi, s'il vous plaît.

Elle recule, il tend la main.

— L'avez-vous lue ?

— À votre avis ?

— Je n'aime pas spécialement que mes patients lisent mes fiches, c'est ma cuisine interne.

Ma fille la parcourt brièvement du regard puis lit à voix haute :

— « Démarche initiée par la mère (voire sous la pression de l'entourage ?) plutôt que par une profonde volonté personnelle ». Et vous avez encadré : « Motivations ». C'est tout ce que je vous inspire ?

— Nous pouvons parler de vos motivations dans une prochaine séance. Voulez-vous me remettre cette fiche ?

Ma fille la pose sur la boîte de mouchoirs de la table basse. Il la prend, la plie en deux. Il se retourne vers moi. Son calme m'époustoufle.

— Vous ne respectez pas beaucoup l'intimité des autres...

— Tout ce qui concerne ma fille m'intéresse. Je la protège depuis son enfance.

— Vous la protégez contre quoi ?

— Mais contre la toxicité de son père... du monde.

— La séance est close.

Je lui ai donné rendez-vous au pied de la Coulée Verte, côté Bastille. Une promenade qui a inspiré à la ville de New York la High Line dans le quartier de Chelsea. Une promenade non pas coulée, mais plantée sur les anciens rails de la West Side Line, qui prenait naissance au croisement des rues Chambers et Hudson ; et transportait les voyageurs jusqu'à Montréal, et même aux chutes du Niagara.

Nous gravissons l'escalier de pierre contre les arcades et entamons notre marche à sept mètres au-dessus du niveau de la rue et des voitures. Longeons les rails de l'ancienne ligne de chemin de fer qui depuis 1859 reliait la place de la Bastille à la Varenne-Saint-Maur.

Après avoir dépassé les tilleuls, nous découvrons un parterre de mauvaises herbes et de plantes domestiquées et passons le long des grandes fenêtres d'une cuisine. Une femme boit un café, elle repose sa tasse sur l'îlot central de la pièce et nous dévisage.

Alison, qui arrive tout juste de Budapest, un voyage d'entreprise pour les clients qui génèrent du chiffre d'affaires et auquel épouses ou maris sont mandatés, lui fait un petit signe de la main.

— Étrange de passer à sa hauteur, j'ai un peu l'impression de marcher chez elle.

Je m'arrête, pose un pied sur le parapet et refais mon lacet. La femme agite une main comme pour suggérer un au revoir.

— Aussi accueillante que le gouvernement hongrois !

Elle me rappelle Hervé Mangin, assis à ne rien faire face à moi, sans même une tasse à la main ou dans une activité quelconque, juste planté là à attendre, je ne sais quoi de moi. De séance en séance, il croise les bras, les jambes, pose un coude ici ou là, sur l'accoudoir, sur une cuisse ou un genou…

— Des fois, j'ai envie que mon psy en fasse un peu plus, pas toi ? Qu'il se bouge ! Qu'il donne des réponses à mes problèmes au lieu de rester là, silencieux, confortablement assis dans son fauteuil, prenant racine sur sa moquette.

— Tu veux qu'il se tienne debout ?

— Ha ha ha. Ça lui ferait un argument facile pour augmenter ses séances.

La femme, tasse à la main, s'approche de la fenêtre et baisse son store électrique.

— Elle doit en avoir marre des touristes et des badauds. Je n'ose même pas imaginer ce que ça doit être le dimanche.

Les feuillus des parterres ont rougi à l'approche de l'automne, d'un rouge auburn, riche, profond, qui donne envie de rentrer chez soi et de cocooner devant un feu de bois, bien qu'il fasse 18 degrés cet après-midi.

— Aujourd'hui mon psy s'est époussaté les épaules.

— Qu'est-ce que tu lui disais ?

— Je parlais de mes doutes, rentrer aux US, rester en France, ça m'a déconcentrée, du coup, je lui ai demandé s'il avait des pellicules.

— Qu'est-ce qu'il a répondu ?

— Oui, et il a ri.

— Mais comment il les a vues, ses pellicules ? Il a des yeux de pigeon ? Un de chaque côté de la tête ?

— C'est vrai ça ! Je ne scrutais pourtant pas son épaule du style, qu'est-ce que c'est que toutes ces petites particules blanches qui reposent sur votre chemise fond marin monochrome, ça fait désordre ? Avec ce regard réprobateur et insistant d'un chat ou d'un chasseur de têtes… Non, vraiment pas, je n'avais même pas remarqué qu'il avait des pellicules. Il devait savoir qu'elles étaient tombées à cet endroit précis.

Nous passons une haie de bambous dont les longues feuilles incurvées, qui laissent ruisseler la pluie à la saison humide sous les tropiques, se frôlent entre elles et bruissent sous la brise parisienne.

— Ça l'a démangé d'un seul coup, il s'est souvenu qu'hier, il avait vu des pellicules sur son épaule en se brossant les dents, que sais-je ? Parfois, je me demande si ses gestes anodins ne veulent pas dire quelque chose ?

— Quoi par exemple ? Pellicules ?

Nos rires s'entremêlent au ronflement du moteur des voitures qui défilent sous le pont aux structures métalliques que nous foulons.

— Tu as des pellicules, toi ?

— Oui, ça m'arrive.

— Voilà, il aura repéré les tiennes et du coup cette vision lui a rappelé les siennes.

— Et il a épousseté son épaule…

— Exactement. Quand un psy agit normalement, ça nous fait bizarre parce qu'il sort de son rôle. Si je me gratte la tête, là, maintenant, en te parlant, tu n'y prêtes pas attention, tu t'en fous même, mais si ton psy le fait, alors là ça devient un geste surnaturel.

— Il a perdu son self-control pendant quelques minutes, c'est ça ?

— Voilà.

— C'est souvent difficile de faire la différence chez lui entre ce qui est personnel de ce qui ne l'est pas.

— Un psy est supposé n'avoir aucune parole, aucun geste personnels qui seraient lui et non pas le psy qu'il représente dans son cabinet. Description du psy parfait, mais il n'existe pas.

— Tu veux prendre un chocolat au Train Bleu ? Il a été entièrement refait, tu vas voir, c'est encore mieux qu'avant.

Nous descendons les marches vers le niveau de la rue, guidées par la pendule de la gare de Lyon.

— Ça me fait penser à la High Line de Chelsea. Dans cinquante ans, un siècle... on aura supprimé toutes les voitures et reconverti tous les kilomètres de chaussées comme aujourd'hui les rails de New York ou de Paris et la ville sera un immense jardin aux plantes hybrides, mi-sauvages, mi-domestiquées. La nature aura repris ses droits

— Si ça pouvait être vrai.

Il y a toujours une ambiance glauque aux alentours des gares, une concentration d'arrêts de bus, de sandwicheries, de cafés aux comptoirs vides et louches, des gens qui traînent, qui attendent aussi autre chose que des trains, on ne sait pas trop quoi, mais vu l'état de fatigue apparente dans laquelle ils se trouvent, il semble qu'ils aient attendu au-delà de leurs capacités.

Nous traversons le grand terre-plein, envahi aujourd'hui par les taxis qui attendent les voyageurs, pénétrons dans le hall de la gare. Un brouhaha et une électricité à plus de 220 volts nous assomment. Nous montons le grand escalier du Train Bleu, passons la porte tournante. Nous sommes plongées dans un autre monde, coupées du brouhaha des arrivées et des départs, au-dessus du chaos, de la mêlée dont les valises remplacent le ballon. Accueillies et invitées à nous asseoir, nous choisissons un des petits salons. Les sièges sont neufs, modernes mais classiques. Les tables rondes, les nombreux miroirs nous invitent à observer les personnes assises hors de notre champ de vision.

Le chocolat arrive tiède. Nous demandons au serveur de le faire réchauffer. Pendant ce temps, nous nous glissons dans la grande salle à manger entièrement refaite, la parcourons. De la dorure à n'en plus finir, brillante, riche, soyeuse. Des paysages du sud de la France, nettoyés, retouchés sans plus aucun défaut. Du grand art de petits maîtres du XIXe siècle. Alison adore, elle veut refaire son salon, le décorer de miroirs et de dorures. La salle lui donne des idées.

— J'adore le mobilier. Je comprends pourquoi tu vis à Paris. C'est magnifique.

— Je vais rentrer.

— Rentrer où ?

— À New York.

— On a Grand Central Station, c'est sûr…

Nous apercevons le serveur avec nos chocolats, nous le poursuivons jusqu'au petit salon.

— T'es sérieuse ?

— Je ne sais pas. Si je ne rentre pas maintenant, je risque de rater ma chance.

— À quarante-cinq ans c'est la limite pour recommencer une vie à New York.

— À Paris, je l'ai passée cette limite.

— Et pour l'assurance-maladie ?

— Ici, tu l'as en travaillant, mais en même temps, tu ne peux jamais vraiment gagner beaucoup d'argent…

— On peut avoir des verres d'eau, s'il vous plait ?

Le serveur acquiesce.

— Franchement, qu'est-ce que tu en penses ?

— Je croyais que tu aimais Paris.

— Je ne me sens d'aucune ville, comme étrangère partout.

— Dans une gare, c'est un peu normal, non ?

Nous sourions. Je lui fais de la peine, je le sens.

— Toutes les villes commencent à se ressembler. Je me suis fait cette remarque à Budapest, ou bien, nous vivons aujourd'hui tous dans une similitude :accro à la technologie, à l'immédiat, au convenable et à ce qui est convénient… C'est ébouriffant à la fin.

Alison a du chocolat aux coins des lèvres, elle s'essuie la bouche avec la serviette en papier à l'effigie du Train Bleu.

— Tu es sérieuse, cette fois.

— Si je ne le fais pas maintenant, je ne le ferai plus. Il y a un point de non-retour que je ne veux pas franchir. Je fixe Alison.

— Et Christopher ?

— Sexuellement satisfaisant.

— C'est tout ?

— Pour l'instant.

Depuis toutes ces années que nous nous connaissons, nous aimons, elle et moi, nous voilà soudain hors du temps dans une gare. Je l'admire. Elle sait comment être heureuse.

— Tu viens à la maison quand tu veux. Je te prête le studio aussi longtemps qu'il te faudra.

SÉANCE 5

Maintenant que cette séance m'est entièrement dédiée, je suis plus qu'intimidée. Ça me fait tout drôle. Avec ma fille présente, je me sentais rassurée, mais là, seule en face du docteur, je me sens comment dire… nue, fragile, c'est ça, vulnérable même. Quelle idée m'a pris d'accepter sa proposition ?

— Je n'ai pas tellement envie de me souvenir de cette partie de ma vie.

— Je comprends.

— Qu'est-ce que vous comprenez ?

— Le mécanisme, qui peut être douloureux, qui consiste à revenir sur le passé.

— Une fois qu'on sort de l'emprise de quelqu'un, on le voit d'une manière bien plus objective et on s'en veut franchement d'avoir été si aveugle.

— Vous pouvez développer ?

— Je me sens idiote.

— C'est-à-dire.

— Idiote, vous savez ce que cela veut dire, non ? Idiote de m'être laissée prendre dans un engrenage qui n'avait pas d'issue. C'était la mort ou la fuite.

— Vous pouvez m'expliquer la mort, en quoi ? M'en raconter plus pour que je comprenne mieux votre situation d'alors.

— Une fois qu'il a eu séduit mes proches, gagné leur confiance, ils les a éloignés de moi, sans que personne ne remarque que cet éloignement était son œuvre. Mes amis pensaient que j'étais débordée avec la naissance de Chloé… Seule ma mère s'inquiétait de mon état. J'étais triste. Elle pensait que c'était la fatigue de l'accouchement. Je le pensais aussi, mais au fond de moi, une petite voix me disait autre chose.

— Qu'est-ce que cette voix vous disait ?

— Elle me murmurait des trucs du genre : il te bouffe, il t'épuise. Je commençais à me demander si je ne faisais pas une dépression.

— Vous êtes allée voir un psychiatre ?

— Non.

— Pourquoi ?

— J'avais peur.

— De quoi exactement ?

— De mon mari, de sa réaction. Si j'avouais que quelque chose ne tournait plus rond en moi, j'abondais dans son discours… Je lui donnais raison, j'apportais la preuve que c'était moi qui empêchais notre couple de fonctionner, que c'était ma faute, que je n'étais pas capable d'avoir un enfant, que j'étais incapable d'être une femme et une mère… Que j'étais le problème ! Enfin, c'est du passé.

Le docteur est anormalement immobile. Je crains qu'il ne s'endorme ou tombe de nouveau de son fauteuil.

— Je vous écoute.

Je me revois dans le canapé de notre salon, allongée, immobile attendant un miracle…

— Il y a eu ce matin, un dimanche matin, je m'en souviens parce que ma mère devait venir déjeuner, j'ai dû annuler... il m'a frappée.

Je ressens une telle honte que je baisse les yeux, le souvenir de la douleur et de ma joue complètement enflammée me saisit. Le premier coup a été le plus humiliant et aussi le plus douloureux. Après... Après, on s'endurcit, on s'habitue, je me choque moi-même d'émettre de telles pensées.

Le docteur me regarde avec une certaine gentillesse que je ne lui avais jamais remarquée, une douceur enveloppante. J'ai les larmes aux yeux. Je ne peux continuer... un mot de plus et je m'effondre... Il me tend un mouchoir. Je laisse couler les secondes, respire méthodiquement et soudain, je me penche en avant, et hurle dans un souffle.

— Et ensuite, il s'est excusé, m'a demandé de lui pardonner.

J'enroule le mouchoir autour de mon index, de nervosité, surprise par le niveau sonore de ma propre voix.

— J'ai pardonné. La première grande erreur. J'aurais dû partir sur-le-champ.

— Mais vous ne l'avez pas fait. Qu'est-ce qui vous a retenue ?

— Aujourd'hui, j'ai un mal fou à le dire, mais je l'aimais. Je ne voyais pas le monstre en lui, mais le petit garçon blessé, l'homme fragile qui avait besoin de moi.

— Votre fille avait besoin de vous aussi.

— Oui et elle avait aussi besoin de son père, du moins je le croyais.

— Vous avez changé d'avis sur ce point ?

— Je n'ai pas eu le choix.

Le silence nous sépare et nous lie.

— Une porte a claqué. Vous l'avez entendue ? Elle a claqué…

Il se retourne vers la porte de son cabinet. Elle est bien fermée.

— C'est possible, nous avons un voisin de palier qui est assez bruyant, il ne sait pas fermer une porte normalement.

— Mon ex-mari ne savait pas, non plus.

— En principe, il n'est pas là la journée, enfin c'est assez rare.

Le silence revient. Mon cœur bat beaucoup trop vite.

— Je voulais partir. L'envie me prenait parfois en pleine journée, mais je n'osais pas, j'avais peur qu'il se suicide. Je ne voulais pas être responsable de sa mort. Je craignais qu'il ne nous tue avant de se tuer… Quand il me demandait pardon, il jurait qu'il se tuerait si je le quittais, il murmurait qu'il m'aimait, qu'il apprendrait à aimer sa fille, c'était une question de temps, de confiance. Il disait, j'ai seulement besoin d'un peu de temps pour connaître ma fille, m'habituer à mon nouveau rôle… Je n'y croyais pas vraiment, mais j'avais tellement envie d'y croire.

— Qu'il vous aimait ?

— Non, qu'il aimait Chloé. J'avais plutôt le sentiment qu'il en était jaloux.

— Vous êtes restée en contact avec lui ?

— Non. Depuis les dix-huit ans de Chloé, je ne lui parle plus du tout. Il s'est marié et a divorcé deux fois depuis notre séparation. D'après ma fille, elles n'ont pas tenu plus de huit ans chacune. Mon divorce a été un cauchemar… Mais je ne le regrette pas.

Le docteur hoche la tête telle une de ces marionnettes désarticulées puis se passe une main sur le visage comme pour l'essuyer ou se réveiller d'un mauvais rêve. Je me tais. Mon silence m'effraie, parce que j'ai réveillé toute la violence, l'oppression dans laquelle j'ai vécu pendant des années.

Le docteur tortille dans son fauteuil comme un ver de terre. Ne tient plus en place. S'essuie une paupière.

— Il me menaçait, me harcelait, m'accusait de tous ses maux. Mais je vous l'ai déjà dit.

Je lève les yeux sur lui, me rends compte que je ne l'ai pas regardé une seule fois pendant que je parlais, par pudeur, gêne ou honte. Sa présence défie les lois de l'hyper-réalisme. Il n'a pas du tout l'air dans son assiette.

— Ai-je dit quelque chose qu'il ne fallait pas dire ?

— Il n'y a rien que l'on ne puisse pas exprimer ici.

Une larme se forme sur sa peau que la lumière, entrant par la baie vitrée de son cabinet, fait miroiter et capture comme un trophée.

— Vous pleurez ?

Le docteur se lève embarrassé, ne me répond pas. Il s'essuie discrètement du bout des doigts le cerne mouillé, une seconde larme s'échappe, roule jusqu'à son menton, goutte sur le col de sa chemise et imbibe la boutonnière. Il se détourne, je sens bien qu'il tente de me cacher son vrai visage. Il éclate en sanglots. Je suis paralysée de stupéfaction. Il tire un mouchoir de la boîte sur la table basse.

Je me demande si c'est bien professionnel. Je me tais. Ma première impression de lui me revient. Encore une fois tout me confirme que c'était la bonne.

— Mon mariage raté vous affecte tant que ça ? Permettez-moi d'être perplexe.

— Excusez-moi. Juste un concours de circonstances.

— J'espère bien.

— Je vais devoir arrêter la séance. Vous voulez ajouter quelque chose ?

Ajouter quoi ? Je suis sidérée de l'avoir mis dans cet

état. Je ne sais ni que dire, ni que faire. Hurler, rire, m'évanouir ?

— J'ai une patiente derrière vous.

— Si j'étais vous, je prendrais le reste de la journée.

— Merci pour le conseil.

J'en suis baba de l'avoir mis dans cet état. Les psychanalystes sont des hommes capables d'avoir une empathie incontrôlable et incontrôlée. Je sors de son cabinet dépitée, croise le regard de sa prochaine patiente dans la salle d'attente. Elle est assise face à la porte du cabinet du docteur et me regarde sortir. Il faut avouer qu'il n'y a pas d'autres activités à faire dans cette salle aux chaises vides… Je reconnais la femme à l'accent de l'autre jour. La pauvre.

Hervé Mangin observe sa patiente s'éloigner avec une expression que je ne lui ai jamais vue, une expression immensément morne, puis il recule d'un pas en me découvrant. Je le remarque parce que c'est un mouvement que je ne lui connaissais pas. Il est surpris de ma présence, c'est certain.

— Bonjour Judith.

— Je sais, je suis en avance de quelques minutes.

— Je vous reçois dans un instant.

Je lui souris tandis qu'il referme la porte. Je l'entends se moucher dans son cabinet. Serait-il allergique ? Pourvu qu'il ne vide pas la boîte de mouchoirs. Béatrice frappe à sa porte, ouvre.

— Pouvez-vous me confirmer pour le 11 novembre, je dois prendre mes billets de TGV.

— J'ai décidé de fermer le cabinet.

— Alors, c'est oui ?

Je n'entends pas la réponse du psy.

— Ça va, Monsieur Mangin ?

Béatrice trottine à son poste de travail, légère, Hervé Mangin réapparaît, m'invite à entrer. Je m'assois, il reste debout près de la porte. Je l'observe méticuleusement, je le trouve différent, comment dire, quelque chose a changé sur son visage. Ses traits ont glissé, fondu. Ses expressions deviennent floues, comme s'il me regardait à travers un tulle … Il s'assoit, prend un mouchoir.

Son état a l'air bien plus grave que les simples symptômes d'une allergie. De l'asthme ?

— Ça ne va pas ?

La situation, on ne peut plus déroutante, me renvoie à mon enfance quand ma mère soudain était triste (des peines de cœur auxquelles je ne comprenais pas grand chose). Un désir de le consoler m'assaille, ce même désir qui me poussait à consoler ma mère en la faisant rire. Et ça marchait la plupart du temps, elle oubliait sa tristesse quelques minutes, parfois quelques heures quand j'avais bien fait mon travail de clown.

Ça lui arrivait souvent les jours d'automne comme aujourd'hui, quand les feuilles mortes se collent les unes aux autres façon papier mâché puis refaçonnent le bitume des trottoirs, rendant la chaussée glissante. Premiers jours de novembre, aux nuits longues, une semaine avant que les publicités pour les fêtes de Noël s'étalent sur les panneaux de la ville et les cloches de Jingle Bells sonnent à tue-tête dans tous les supermarchés. Je me demande si Hervé Mangin fait un sapin. Moi, non. Je n'en ai pas fait depuis des années, avec la famille que j'ai, je n'ai pas passé mon enfance à décorer des sapins, cuisiner des bûches, emballer et faire des nœuds de paquets cadeaux... On ne mettait même plus de bougies dans le chandelier d'Hanoukha de la mère de mon père... je le possède toujours quelque part dans un garde-meubles à New

York, je l'ai conservé quand mon père s'est marié avec une catholique égocentrique, par sentimentalité, car il est moche et n'a aucune valeur marchande. Juste un vieux truc dont personne ne se sert plus depuis longtemps. Mais qu'est-ce que j'ai fait pendant que le monde était occupé aux préparatifs des festivités ? Je trouve difficile de m'en souvenir parce que je n'ai rien fait, rien. Il n'y a donc pas de visuels, de films à se passer, de mémoire collective à raviver. Le mois de décembre était le même qu'un mois de janvier, de février ou même de juillet mises à part les températures et la frénésie des habitants dans les grands magasins de la Cinquième Ave et de Broadway, aux patinoires de Central Park et du Rockefeller Center.

On mettait des pulls, des gants et des bonnets. On espérait un maximum de tempêtes en janvier pour manquer des jours d'école et s'ennuyer chez nous. On s'en remettait à Dieu, puisque personne d'autre à notre connaissance n'avait un pouvoir absolu sur la météo, même la chaîne leader dans le domaine se trompait une fois sur trois. On s'en remettait donc au ciel et aux signes.

Hervé Mangin m'envoie de drôles de signes. Mous et flous. Il me paraît très préoccupé, déconcentré, je me demande même s'il m'écoute ou s'il fait semblant. Il reprend un mouchoir. Pour une fois que la boîte semblait bien garnie, il va me la dilapider...

— Vous avez l'air fatigué.

— Il vient de m'arriver quelque chose qui ne m'est jamais arrivé en trente ans de métier.

Il s'essuie un œil, puis l'autre. Mais, il... il pleure... Pour une fois que ce n'est pas moi, j'en suis toute chiffonnée.

— Vous pleurez ?

— Excusez-moi.

Il renifle. Nous restons un moment dans le silence,

puis il croise les jambes.

— Je crois que je vais rentrer chez moi.

— Chez vous ?

— Je veux dire aux États-Unis.

— Ah.

— Vous n'avez pas l'air surpris.

— Je devrais l'être ?

Je ne réponds pas. Il se mouche.

— Mon fils a passé une année à New York. Il a adoré.

— Pour ses etudes ?

— Oui, il a étudié à L'université Colombia.

Il s'éponge les yeux l'un après l'autre.

— Vous le féliciterez, c'est une bonne université. Il a envie d'y vivre ?

— Une expérience de quelques années lui plairait bien.

— C'est comme cela que je devrais voir mon expérience parisienne, non ?

— Vous la décririez comment ?

— Comme une longue pause. Je n'ai pas accompli grand chose ici. À New York, non plus. En gros, je n'ai pas fait grand chose de ma vie jusqu'ici ?

— Vous avez des ambitions inavouées ?

— Non, c'est bien mon problème. En tant que prof, j'ai bien rêvé d'être écrivain, mais voilà, faire face aux illusions et m'asseoir plusieurs heures à une table tous les jours après les cours, ne me motive pas. Écrire en quelle langue à présent ? En anglais, en français ? Pour quel public ? J'écris une page et ensuite, je décroche. Je suis fainéante au fond.

Il garde le mouchoir humide dans sa main. Je le sens fragile, je ne voudrais pas aggraver son état, le plomber avec mes doutes de la quarantaine... Peut-être que l'andropause le travaille et le rend hypersensible...

— Et cette nouvelle rencontre ?

— Christopher ?

— Oui.

— Ça va. Mais je ne veux pas recommencer le même scénario.

— Reproduire le même schéma ?

— Je suis venue à Paris pour un mec, je ne vais pas repartir dans l'autre sens pour un autre.

— Qu'est-ce qui vous fait penser que c'est la même histoire ?

— Vous plaisantez ?

Je le laisserais bien décider à ma place. Rester ? Repartir ? Ça m'arrangerait bien.

— J'ai dit à mon amie Alison que je rentrais, mais maintenant devant vous, je ne suis plus si sûre…

— Personne ne peut décider à votre place.

— Merci.

Le passant de l'accoudoir sur lequel je tiraille machinalement depuis que je suis arrivée me reste dans les mains. Je fixe Hervé Mangin.

— Il faut que ça tombe sur moi, que le truc lâche au moment où je me trouve assise dans ce fauteuil. Je suis désolée.

Il se lève, me tend la corbeille qu'il est allé chercher sous son bureau.

— Dix ans que j'ai installé ces fauteuils. On peut dire qu'ils ont tenu leur promesse de qualité.

— Les patients lui en ont fait voir !

Je ne lui arrache même pas un sourire. Moi qui cherchais une confirmation, un signe même de sa part, je tombe sur le mauvais jour. Il tire le dernier mouchoir de la boîte. Je frémis. Il se mouche de nouveau.

— Je vais devoir en rester là pour aujourd'hui… Appelez-moi en fin de semaine pour un rendez-vous. Vous ne partez pas demain ?

Je souris, emplie d'une tristesse sans fond. Il me raccompagne à la porte, l'ouvre.

— Je crois que j'ai oublié quelque chose.

Nous jetons un regard circulaire dans la pièce.

— Je ne pense pas.

Aucun objet qui m'appartiendrait ne traîne sur mon fauteuil ou la table basse. Il se retourne et me déclare, non sans malice.

— À part ce que vous ne m'avez pas dit, je ne vois rien.

BONUS
JUDITH ET MAXIME SUR LE DIVAN

Booknseries a mis sur le divan les deux héros de la série.

Nom : Bernheimer
Prénom : Judith
Age : 45 ans
Profession : professeur d'anglais

J'aime, je n'aime pas :

* J'aime : Hervé Mangin et le Mercurey
* Je n'aime pas les gens qui aiment l'argent
* Je suis une grande anxieuse
* Je ne suis pas Française

Pourquoi avoir un jour commencé une psychanalyse ?

À la suite d'une séparation qui était la raison première

pour laquelle j'étais venue vivre en France. Grosse crise de panique, quoi !

Nom : Lebrun
Prénom : Maxime
Age : 32 ans
Profession : planificateur

J'aime, je n'aime pas :

- J'aime les lingettes
- Je n'aime pas les cafés-restaurants et la moquette
- Je suis maniaque et gravement obsessionnel
- Je ne suis pas heureux

Pourquoi avoir un jour commencé une psychanalyse ?

Pour tenter d'arrêter mon traitement pour les TOC et réduire mes obsessions qui rendaient ma vie très byzantine.

article publié le 21 octobre sur le site de Booknseries

Si vous avez une remarque ou une question, vous pouvez m'écrire ici :
ebookbychrisimon@gmail.com

Si vous estimez que cette série le mérite, un commentaire de votre part sur le site que vous avez utilisé pour cet achat permettra d'aiguiller les lecteurs potentiels.
Je vous en remercie à l'avance.

SYNOPSIS DE LA SÉRIE

Synopsis

Traumatisée par une relation amoureuse qui finit mal, Judith entreprend une psychanalyse avec un psy Lacanien, Hervé Mangin. Au cours de sa psychanalyse, elle est séduite par les théories de Lacan qu'elle découvre, la psychanalyse à la française et surtout par le psychanalyste ! Elle tente donc de le séduire, mais Hervé Mangin résiste. Mécontente de cette résistance, elle va tenter tous les stratagèmes, et même, celui de séduire un de ses patients.

Thème
Le désir (qui est aussi un des fondamentaux de la théorie lacanienne)

Personnages Principaux

Hervé Mangin, le psychanalyste

Lacanien, il est l'un des derniers étudiants à avoir fait sa psychanalyse avec Jacques Lacan.

Il est plus lacanien que les théoriciens de Jacques Lacan, car son travail repose plus sur son intuition que sur les théories du maître. Il peut paraître assez amateur, en réalité il est très efficace, mais comme toute personne, il a aussi ses problèmes et ses faiblesses...

Judith, patiente

Américaine, elle vit à Paris depuis quelques années. Elle était venue s'y installer pour vivre avec un homme, mais la romance a pris fin. Elle vient de le quitter. Confuse et paumée, elle entreprend naturellement une psychanalyse.

La mère de Chloé, patiente

Elle fait son entrée dans la dernière séance de la saison 2. Envahissante, elle est d'un tempérament fort et ne laisse pas beaucoup de place à sa fille dont elle dirige la vie.

Chloé, patiente

Elle a fait son entrée dans la saison 2, de retour dans la saison 3.
Incapable de parler d'elle, elle ne parle que de sa chatte...
Sa mère intervient.

ILS EN PARLENT

CHRONIQUES

Dans mon coin, le blog de Dominique Lebel

Le coeur froissé et le nez qui coule

J'ai déjà pratiqué le psy, il y a longtemps – le chiatre, pas le chanalyste, Et je ne reviendrai pas là-dessus, loin de moi cette idée, car comme son nom l'indique le psychiatre n'accompagne pas généralement les meilleurs moments de nos existences. Mieux vaut oublier cet homme-là.

Première surprise, le lacanien fournisseur de kleenex dont il est question ici n'a pas les gestes de l'emploi : il se triture les bourrelets. Il a donc des bourrelets, il n'est pas un pur esprit. Il parle au lieu de vous écouter. Il a une famille, une secrétaire, part en vacances,porte des chemises assez moches et sur son chemin, il y a des embouteillages. C'est donc un homme ordinaire. Mais c'est un vrai lakanien.divan

Sa patiente a la tête de l'emploi : elle se confie, a eu des problèmes avec ses parents et avec son ex, a un cœur d'artichaut, et elle pleure —devant son psy et devant son plombier. Mais ce n'est pas une vraie patiente : elle pleure parce qu'elle a un mouchoir.

La secrétaire a le physique de l'emploi : elle est enceinte.

L'auteur a le style de l'emploi : elle rigole. Mais quand elle veut. Le reste du temps, elle grince des dents, parce que « l'abandon est une émotion très douloureuse » -c'est elle qui le dit. Encore que… c'est quand elle s'y attend le moins qu'elle se laisse aller, je vous recopie un beau moment d'abandon (il y en a quelques-uns) :
« Les femmes de ménage laissent toujours des empreintes, des vestiges derrière lles, comme si elles avaient une conscience profonde de la nature éphémère de leur passage ».

Vous devriez lire ce livre, si ce n'est déjà fait (il a eu un beau succès). Vous y apprendrez pas mal de choses :
- qu'un psy n'est pas là pour vous guérir. Le guérisseur, c'est vous.
- qu'il est toujours bon de s'énerver, car quand on s'énerve on ne pleure pas
- qu'il ne faut pas se moucher avec un sopalin, ça irrite le nez (mais je pense que vous le saviez déjà)
- qu'il y a des gens qui écrivent bien parmi les auteurs d' ebooks
- que les nombreux passages obscurs et pittoresques qui jalonnent Paris sont à l'image de notre bourgeoisie — tordus et étriqués (c'est une américaine qui parle).passage
- qu'il y a des omégas 3 dans les épinards.

- que les socialistes n'ont pas les mêmes chaussures que les autres (je connais pas mal de socialistes mais je ne peux pas juger, ce sont des professeurs et les professeurs n'ont pas les mêmes chaussures que les autres).

Dominique Lebel
(publié le 06/06/2014)

***

Ma Bibliothèque Bleue

« Séance après séance, les phrases, les mots, les silences se copient eux-mêmes à l'infini. Comme si les murs lisses, les deux fauteuils, la table basse, la boîte de mouchoirs présente aujourd'hui, me soufflaient les mêmes pensées, les mêmes mots, les mêmes phrases. »

Troisième et dernière saison de cette série psy. Une nouvelle fois Chris Simon entraîne le lecteur sur le divan, avec humour et malice, mais non sans tendresse et détresse parfois. Dans le cabinet du « docteur » Mangin, on retrouve les personnages rencontrés dans les précédents épisodes. Quand il faut démêler les sentiments, les situations, l'auteur propose un récit léger et décalé. Et puis cette boite de mouchoirs nous réserve une belle surprise au cours de l'ultime séance …

Attention : addiction possible !

***

Le Bouquinovore

Toutes les meilleures séries ont une fin. Lacan et la boite de mouchoirs n'échappe pas à la règle. La saison 3 est la dernière, après la lecture de cette intégrale, vous en aurez fini avec Le docteur Mangin, Judith, Chloé et sa mère.

À l'inverse de beaucoup de séries, la dernière saison de Lacan est un vrai bonheur de lecture.

Cette saison 3 est composée de 5 séances que Chris Simon nous propose dans l'intégrale de la saison 3, il n'est plus question d'attendre patiemment, mois après mois pour découvrir une nouvelle séance.

C'est avec un peu d'émotion que j'ai fini la lecture de Lacan, série qui s'éteint dans son apogée, on ne retrouvera plus sa séance mensuelle de psy lacannien, mais je ne doute pas une seconde que Chris Simon nous entraînera avec elle dans de nouvelles aventures....

Encore une fois, Merci Chris pour m'avoir fait découvrir cette série.

***

ENTRETIENS

Booknseries

Rencontre avec Chris Simon : Une auteure "encrée" dans l'Indé et dans la Série.

Bonjour Chris. Peux tu en quelques phrases nous raconter ce qui t'a amenée à l'auto-édition ?

Chris Simon : Une rencontre et un constat négatif en ce qui concerne le fonctionnement des maisons d'édition en France. Bien que j'aie eu des retours positifs, mon premier livre a été refusé par une vingtaine de maisons d'édition. Un ami auteur, Nick Alexander, qui était en train de faire un succès sur Amazon.uk en 2010 – je mentionne son nom parce que depuis il a multiplié les succès et il va bientôt être traduit et distribué sur Amazon Publishing France – m'a encouragée à tenter ma chance, et m'a aidée à formater mon premier ebook. Au départ, j'étais débordée par certains aspects techniques, mais peu à peu avec son aide et ensuite, l'expérience d'autres auteurs, j'ai acquis les bases et j'ai pu publier d'autres ebooks en faisant tout de A à Z. Je ne le regrette absolument pas. Je sortais aussi de quelques échecs auprès de productions françaises. J'avais écrit un scénario, encore plus d'actualité aujourd'hui qu'à l'époque (une histoire de réfugiés) et qui les intéressaient mais, faute de financements, d'engagements, …de je ne sais quoi… Bref, les projets qui tombent à l'eau commençaient à me fatiguer ! Du coup, l'autoédition me semblait être la bonne réponse, car, là au moins, je n'attendais plus après les promesses des uns et des autres, je prenais le contrôle de la destinée de mes écrits. Une des qualités d'un autoédité est qu'il croit en son travail et se bat pour lui jusqu'au bout.

L'auto-edition est-elle pour toi une transition dans le monde de l'édition, ou une vraie alternative ?

CS : Je pense que c'est une vraie alternative. Que ce soit clair, l'autoédition est compatible avec la publication en maison d'édition. L'une n'empêche pas l'autre. Le prix Rentrée Indée Kindle 2015 d'Amazon le prouve: les dix romans sélectionnées pour le prix montrent la diversité et la qualité des livres autoédités. Du reste, j'ai même entendu de la part des auteurs de cette sélection, que des maisons d'édition les contactaient déjà. On peut dire que le regard sur l'autoédition est en train de changer, non ? Il faut voir les choses sous cet angle. Quand tu autoédites ton livre, tu gardes le contrôle, tous tes droits (inclus, les droits dérivés) et tu peux promouvoir ton livre pendant dix ans, vingt ans si tu veux. Une maison d'édition ne le fera jamais. Cela fait deux ans maintenant que j'édite ma série « Lacan et la boîte de mouchoirs » , or je continue d'écrire et de promouvoir la série (qui, au final, comportera trois saisons). Une maison d'édition, elle, arrête la promotion d'un livre au bout de trois mois si celui-ci n'atteint pas un certain chiffre de ventes. Pourtant, certains livres nécessitent plus de temps pour séduire un lectorat. Quand on voit au bout de combien de livres, un auteur emporte une plus large adhésion, on comprend que tout ceci doit s'inscrire dans la durée et non pas dans une période de trois mois. Résultats : ma série se vend toujours sur Amazon et Kobo, reste donc visible, et chaque nouveau lecteur compte pour moi.

Le deuxième angle est l'angle financier. Un livre autoédité rapporte plus à son auteur puisqu'il peut gagner jusqu'à 70 % du prix de vente en numérique et de 40% à 60% en papier, selon le circuit de ventes employé. On est loin des 6 à 12 % de droits d'auteur pratiqués par les maisons d'édition. Du reste, si c'est l'éditeur qui vient chercher l'auteur, celui-ci sera plus à même de négocier un meilleur pourcentage. Et même si on compte les frais engagés pour la réalisation du livre ou ebook, au-delà d'un certain nombre de ventes, ou lors d'un succès, les bénéfices seront toujours supérieurs aux gains qu'une maison d'édition propose. L'autoédition peut être un complément de gains pour les auteurs qui sont déjà en maison, un levier de négociation ou tout simplement une carrière indépendante, c'est selon ce que l'on écrit et sa personnalité.

Après le succès de « Lacan et la boite de mouchoirs » , tu viens de publier une autre série « Brooklyn Paradis ».

La série fait-elle partie de ton ADN ?

CS : Ha ha ha. C'est une forme d'écriture que j'aime beaucoup. En fait, qu'est-ce que la série ? Pourquoi les séries TV américaines ou anglaises d'aujourd'hui sont-elles si excellentes ? On peut trouver de nombreuses raisons : qualité des scénaristes, des acteurs, de la production…. Mais à mes yeux, il y a une raison fondamentale qui est à l'origine de cette excellence et a obligé tout ce monde à produire de la qualité : c'est la publicité. Pour que le téléspectateur revienne après la pub, il faut qu'il ait envie de revenir, et pour qu'il ait envie de revenir, il faut le motiver, il faut qu'il ait envie de connaître la suite ! La contrainte de la pub (de même que la contrainte du rendez-vous hebdomadaire) sur les chaînes anglo-saxonnes, a obligé les scénaristes à développer des outils et des techniques pour ne pas perdre le spectateur. Cette contrainte publicitaire existe depuis très longtemps, et même si aujourd'hui des chaînes comme HBO produisent des séries sans publicité, le pli a été pris et les techniques de narrations assimilées par les scénaristes. C'est toute une culture qui à aujourd'hui 70 ans ! Le challenge de la série littéraire est le même : garder l'attention du lecteur d'un chapitre à l'autre, d'un épisode à l'autre. Avec *Lacan et la boîte de mouchoirs,* j'ai appris cette vérité. J'ai développé au cours de la série des compétences que mes premiers lecteurs semblent me confirmer, puisqu'ils restent fidèles à la série.

Parallèlement à ça, je commence aussi à réaliser que je suis en train de développer une forme d'écriture – au passage, je dis merci à Laurent Bettoni d'avoir lancé la superbe collection Pulp chez La Bourdonnaye – car avec Brooklyn Paradis, j'ai encore fait évoluer cette forme d'écriture qui se trouve entre le cinéma, le théâtre et la littérature. Dans mes séries, j'utilise le dialogue, le visuel (métaphores et lieux) et l'intériorité des personnages (qui ne serait possible dans l'écriture cinématographique ou théâtrale). La série est une contrainte qui me permet d'utiliser tout ce que j'ai appris dans mes études et au fil de mes années d'écriture. Je me sens à l'aise dans cette forme. Ses contraintes m'inspirent, bien que j'écrive d'autres choses. Je vais sortir mon premier roman cette année.

Comment vois tu l'avenir du format « série » dans la littérature, qu'elle soit ou non auto-éditée ?

CS : Si je te demande quelle est l'histoire qui t'a le plus marquée dans ta jeunesse à partir d'une lecture que tu as choisie, d'un livre que tu as trouvé au gré d'une de tes ballades dans une librairie ou (aujourd'hui) sur le net ? Qu'est-ce qui te vient à l'esprit ? Un roman, une nouvelle, une novella, une pièce de théâtre ?

Je pense à *Bille en Tête* , d'Alexandre Jardin, et à *Madame Bovary*, de Gustave Flaubert.

CS : Ta réponse vient confirmer que le lecteur français est d'abord un lecteur de roman ! Le lecteur est-il formaté au roman en France ? Je me pose la question. Je sors début novembre la Saison 3 de *Lacan et la boîte de mouchoirs* et je verrai si de nouveaux lecteurs me le confirment en achetant les trois saisons que je vais proposer en un coffret, l'équivalent d'un roman complet. Je vais aussi refaire les couvertures des versions papier, suite à une remarque d'une lectrice dans un groupe de lecteurs, que je remercie au passage. La série n'est pas un sous-roman. La série, comme le roman du 19e siècle, développe des histoires longues et à rebondissements, ce qui est un plus pour le lecteur. Il peut rester avec ses personnages préférés plus longtemps, les connaitre mieux, connaître ses descendants même ! Écrire des séries requiert du talent et des qualités techniques. Si ces dernières sont reconnues aux créateurs et scénaristes de séries TV, pourquoi pas aux auteurs et créateurs de séries littéraires ?

La série Littéraire peut posséder autant de puissance, de développement psychologique des personnages, de style, de narration que le roman.

D'ailleurs pour ma prochaine série, je vais tenter un format plus long, avec des tomes individuels.

article publié le 7 septembre 2015

***

More than words de Denis Gentile

Tell me something I don't know about you *(Dis-moi quelque chose sur toi que je ne sais pas)*

Cette interview se base sur les principes du blog, des réseaux sociaux et du storytelling. On part de sa propre histoire pour découvrir l'inconnu et apporter quelque chose de nouveau aux lecteurs. Denis Gentile

1. Dis-moi quelque chose de ton enfance

J'ai été malade, une tuberculose. Très 19e siècle. Je suis restée longtemps dans un sanatorium, j'avais 5 ans, ça n'a pas changé ma vie, mais ça a changé mon regard sur le monde. J'ai vécu dans un microcosme et vu le monde de ce microcosme. L'un des quelques souvenirs qu'il me reste aujourd'hui, est mon jour d'arrivée. On m'a fait visiter tous les bâtiments et je ne me souviens que d'une grande maison. On m'y a fait entrer, c'était une immense salle de jeux. Des enfants jouaient par terre. Je les ai regardés avec un certain dégoût, je crois. Je ne voulais pas être comme eux, je l'étais et je ne l'étais pas. Nous avions un point commun, la maladie, réunis malgré nous, obligés de jouer ensemble, de vivre sans nos parents. Quelque part, la vie s'était arrêtée, la vie d'avant. Je devais être courageuse, accepter, mais ce n'est pas du tout ce qui s'est passé, j'ai été très indisciplinée et souvent punie. Les punitions m'ouvraient un champ de solitude que je n'avais jamais connu. **Je pense que l'écriture est née à ce moment-là,** dans ce champ, alors que je n'avais pas encore appris à écrire, c'est curieux, non ? L'espace de l'écriture s'est creusé en moi sans la calligraphie grâce à un retrait forcé du monde.

2. Dis-moi quelque chose que tu vois en ce moment autour de toi

L'exode, l'exil, la marée des réfugiés, les gens qui fuient, des gens qui cherchent une vie meilleure. J'écoute autour de moi ce qui se dit sur cet exode. Le désespoir, c'est la condition humaine, après ce que l'on en fait, c'est la vie. Tu peux te jeter par la fenêtre du 50e étage pour échapper à un incendie, tu peux ne pas rentrer chez toi à 14 ans pour une simple bêtise que tu as faite et pour laquelle tu ne veux pas être grondée, toujours tu fuiras la mort, c'est ça être vivant. Peu importe que les Européens pensent qu'ils n'ont pas les structures, la place, du travail pour accueillir les réfugiés, du point de vue des réfugiés ça sera toujours mieux, l'espoir qu'une vie est encore possible...

3. Dis-moi quelque chose d'une personne que tu admires

La clairvoyance, être capable de dire non. Non, on ne peut pas faire semblant. Savoir dire non, ne pas accepter ce qu'on nous impose, avoir le courage de parler, dire ce qui n'est pas acceptable et agir pour changer cet état de chose, ne pas accepter ce qui est inacceptable. La vigilance. Ce sont deux disciplines difficiles à maîtriser : la clairvoyance et la vigilance.

4. Dis-moi quelque chose que tu n'as jamais dit sur les réseaux sociaux

Il y a beaucoup de choses que je ne dis par sur les réseaux sociaux ! **Le dialogue est difficile**, les gens ont des idées très arrêtées sur les choses et les autres. Une fois, j'ai questionné un auteur sur Facebook, il abordait quelque chose de tabou : l'antisémitisme dans le langage quotidien, l'antisémitisme ordinaire, j'ai dialogué avec lui, d'autres se sont contentés de le condamner, alors qu'il cherchait à comprendre, certains l'ont même «defriended». Il y a souvent peu de dialogue, c'est regrettable. C'est rare, mais quand cela arrive, il y a un vrai échange et on peut enfin écouter et comprendre ce que dit l'autre au lieu de se faire une idée préconçue de ce qu'il va dire ou a dit. Au final cela nous a rapproché tandis que d'autres ce sont éloignés définitivement. Ça n'a pas de sens de se battre pour des idées. Il faut se battre pour des êtres. Alors c'est pour ça, il y a beaucoup de choses que je n'aborde pas, je n'ai pas envie d'être comprise de travers et aussi, je considère que mes idées sur tel évènement ou telle chose ne sont pas forcement indispensables au point de les imposer ou de vouloir les afficher sur les murs des réseaux sociaux. Alors oui, je n'ai jamais dit que je trouvais les opinions ennuyeuses et contreproductives. Aux opinions, je préfère l'échange et les faits.

5. Dis-moi quelque chose du futur

C'est ce que je n'ai pas fait aujourd'hui, ce que tu n'as pas fait aujourd'hui non plus. et en même temps ce sont **les conséquences de ce que nous faisons maintenant !** Le futur à priori c'est plutôt créateur d'angoisses, non ? J'ai passé mon enfance et une bonne partie de mon adolescence à me projeter dans le futur. Aujourd'hui, je ne me projette plus, je sais que je vais mourir.

Question personnalisée : Chris Simon, dis-moi quelque chose d'une boîte à mouchoirs

C'est l'anxiété, la peur qu'il n'y ait pas ou plus ce dont j'ai besoin quand j'en ai besoin. Ce n'est pas la peur du manque, c'est une certaine réalité. Ça ne change rien, le mouchoir essuie les larmes, mais ne les supprime pas, c'est pratique, mais n'a aucune action sur un être. Tu as remarqué ? **On n'a jamais de mouchoirs quand on en a besoin**, que ce soit pour un rhume ou une grippe, une rupture ou un licenciement… **l'émotion surgit là où on ne l'attend pas**. La boîte de mouchoirs suppose que l'on a prévu les larmes, le malheur, la catastrophe, le moment où on allait craquer, le moment où l'émotion allait prendre le dessus sur tout. La boîte de mouchoirs c'est le convénient, le monde parfait, le monde matérialiste qui te promet une solution pour tout.

Article publié en octobre 2015

ILS COMMENTENT

Ce qu'en disent les lectrices et les lecteurs :

« Une patiente un brin analyste, un analyste un brin atypique, et une boîte de mouchoirs désespèrent vide. Un pur plaisir de lecture. » Gérard

« L'humour est omniprésent et on attend avec impatience la suite. » Isabelle

« On s'y croirait ! Non sans un certain humour, une certaine ironie mais aussi un peu de tendresse pour ces protagonistes. » Éric

« Je n'ai jamais fait de psychanalyse et cette idée de nous faire pénétrer dans l'intimité d'une relation analysé-analyste est, je trouve, excellente. Ce premier épisode me donne très envie de découvrir la suite de l'aventure que représente cette analyse. Aventure pour elle comme pour lui... et pour moi, aussi. » Philippe

On sourit, on s'émoustille, les non-dits imaginaires liés en un discours de phylactères invisibles, éclatent dans le désordre.Le Réel de la boîte à mouchoirs se révèle : « Son rire de pluie fraîche » Marie-Christine

« ... vous penserez à Hervé Mangin ! Les couloirs de l'inconscient sont au moins aussi tortueux que ceux des bureaux du psy lacanien, dirait-on. Mais c'est avec plaisir qu'on s'assied à côté de Judith et qu'on la suit dans son parcours. Vite le prochain RV ! » Geneviève

« ... D'où vient ce sentiment de doute diffus qui nous étreint souvent ? Comment se débarrasser de cette petite boule au ventre, de cette impression d'être sur un siège éjectable ? Comment gérer cette incertitude qui nous rend horripilant, à l'affut de tout ce que les autres disent, pensent. Allez consulter votre psy ou mieux, dévorez les livres « Lacan et la boîte de mouchoirs ». Cela vous fera un grand bien comme si vous étiez en séance avec votre psy. Bonne lecture ! » Angilella

« Chaque séance est une nouvelle friandise à lire. L'intérêt ne se relâche pas, bien au contraire. Dans ce n°4, on se demande qui, du psy ou de la patiente,a le plus besoin de l'autre. » Plume d'encre

« Un bon moment. Ce fut pour moi l'occasion de découvrir un autre point de vue de la psychanalyse que celui découvert à travers les films (surtout américains : les français parlent peu de leurs séances. » Florence

DU MÊME AUTEUR

Lacan et la boîte de mouchoirs
Saison 1 – L'intégrale, Éditions du Réalisme Délirant, décembre 2013.
Saison 2 – L'intégrale, Éditions du Réalisme Délirant, janvier 2014.
Saison 3 – L'intégrale, Éditions du Réalisme Délirant, novembre 2015.
Distribution numérique : Kindle, Kobo, Fnac, iBooks Store & Nook.
Distribution papier : Amazon, en librairie sur commande et sur chrisimon.com

Lacan et la boîte de mouchoirs - L'intégrale
Les 3 saisons en un seul volume, Éditions du Réalisme Délirant, 2015.
Distribution numérique : Kindle, Kobo, Fnac, iBooks Store & Nook.
Distribution papier : Amazon, librairies en ligne. En librairie physique sur commande et sur chrisimon.com

Brooklyn Paradis
Une série Polar Thriller humoristique et noire dans les quartiers de Brooklyn., Éditions du Réalisme Délirant, 2016.
Saison 1 – L'intégrale, Éditions du Réalisme Délirant, janvier 2017.
Saison 2 – L'intégrale, Éditions du Réalisme Délirant, mai 2017.
Saison 3 – L'intégrale, Éditions du Réalisme Délirant, novembre 2017.

Saison 4 – L'intégrale, Éditions du Réalisme Délirant, juin 2018.
Distribution numérique : Kindle, Kobo, Fnac, iBooks Store & Nook.
Distribution papier : Amazon et chrisimon.com

Brooklyn Paradis – L'intégrale

Les 3 saisons en un seul volume. Une série Polar humoristique et noire dans les quartiers de Brooklyn.
Distribution numérique : Kindle, Kobo, Fnac, iBooks Store, google play & Nook.
Distribution papier : Amazon, librairies en ligne. En librairie physique sur commande et sur chrisimon.com
 et chrisimon.com

Les titres de cette série existent en **version livre-audio**, aux **Éditions Samarkand**.
Distribution audio : livreaud.io, Audible, Google Play, Amazon, Kobo, iTunes.

Mémorial tour

Roman, Éditions du Réalisme Délirant, mai 2016. Roman lauréat du jury Amazon-Kindle KDP au salon Livre Paris 2016.
Le devoir de mémoire nous protège-t-il contre la barbarie ?

Distribution numérique : Kindle, Kobo, Fnac, iBooks Store, Nook, Bookelis + toutes les autres plateformes numériques via Bookelis.
Distribution papier : Amazon En librairie sur commande et sur chrisimon.com

Road-Movie pour un proscrit

Roman, Éditions du Réalisme Délirant, janvier 2021.

L'histoire c'est comme un cadavre, tôt ou tard, elle refait surface.
Distribution numérique : Kindle.
Distribution papier : Amazon, Fnac, Bookelis,, chapitre.com. En librairie sur commande et sur chrisimon.com

Le baiser de la mouche
Nouvelles fantastiques, Éditions du Réalisme Délirant, novembre 2012.
Distribution numérique : Kindle, Kobo, Fnac, iBooks Store & Nook.
Distribution papier : Amazon, et chrisimon.com

88

Retrouvez l'actualité et l'intégralité des livres de l'auteur sur son site :
www.chrisimon.com

Abonnez-vous sur mon site à mon club privilège et recevez gratuitement la saison 1 de ma deuxième série, ***Brooklyn Paradis***. Et bénéficiez d'autres avantages et informations comme mes prochaines rencontres et dédicaces ou la sortie de mes prochains romans !

Vous pouvez aussi me contacter à :
ebookbychrisimon@gmail.com